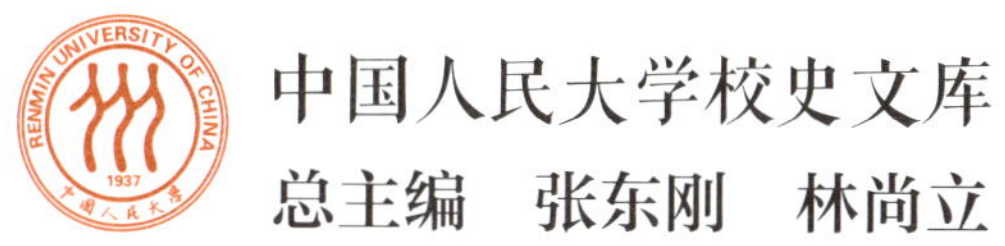

中国人民大学校史文库

总主编　张东刚　林尚立

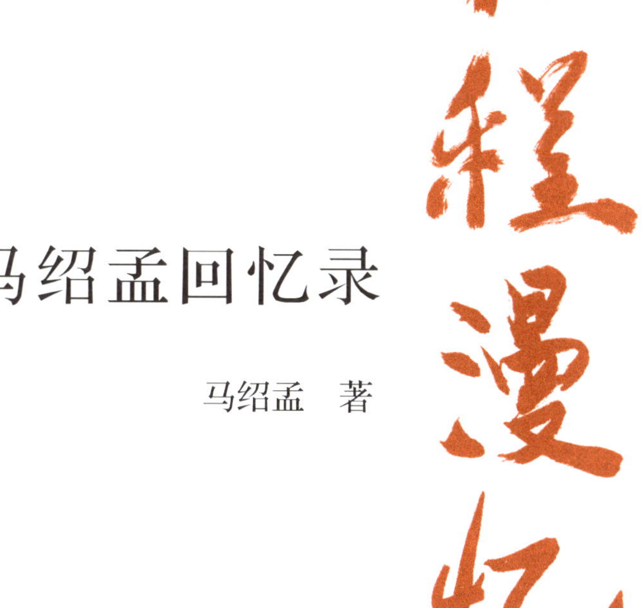

征程漫忆

马绍孟回忆录

马绍孟　著

中国人民大学出版社

·北京·

本成果受到中国人民大学
中央高校建设世界一流大学（学科）和特色发展引导专项资金支持

“中国人民大学校史文库”总序

致敬这所以“中国人民”命名的大学

2022 年 4 月 25 日，习近平总书记在中国人民大学考察调研时强调，中国人民大学在抗日烽火中诞生，在党的关怀下发展壮大，具有光荣的革命传统和鲜明的红色基因。一定要把这一光荣传统和红色基因传承好，守好党的这块重要阵地。要加强校史资料的挖掘、整理和研究，讲好中国共产党的故事，讲好党创办人民大学的故事，激励广大师生继承优良传统，赓续红色血脉。

为深入贯彻落实习近平总书记在学校考察调研时重要讲话精神，学校全面实施“‘走出一条建设中国特色、世界一流大学的新路’十大工程”。其中，编写出版“中国人民大学校史文库”项目作为高等教育红色基因传承和精神品格弘扬工程的重要组成部分，包括校史编研专题、校史人物专题、学科史和院史专题等，将以正史、口述史、文集等形式，全方位、多角度展现中国共产党创办的第一所新型正规大学的艰辛与辉煌，生动再现几代人大人为中国革命、建设和改革开放事业，为中国新型高等教育的建立和发展，为新时代探索走出一条建设中国特色、世界一流大学新路所作出的独特贡献。

这是一所具有光荣革命传统和鲜明红色基因，与党和国家同呼吸、共命运的大学。中国人民大学的前身是1937年诞生于抗日战争烽火中的陕北公学，以及后来的华北联合大学和北方大学、华北大学。学校自陕北公学创办之始就探索建立了党团领导下的校长负责制，全面加强党的领导，履行“为党育人、为国育才”的初心使命。毛泽东曾深情地说：“中国不会亡，因为有陕公。”爱国人士李公朴称赞华北联合大学是“插在敌人心脏上的一把剑”。很多校友用青春和热血诠释了“为有牺牲多壮志，敢教日月换新天”的凌云壮志。从陕北公学学员孔迈一句“妈，把我献给祖国吧”，到众多踊跃参军、南下或去西北奔赴解放战场的华北大学毕业生，这所来自战火中的大学所独有的革命传统和牺牲精神，已成为日后“万千建国干部”和“国民表率、社会栋梁”的鲜亮底色，化作全面建设社会主义现代化国家新征程中“勇当开路先锋、争当事业闯将”的勇气与信念。

这是一所在党的几代领导集体的关怀下发展壮大，担负着特殊使命的大学。毛泽东同志曾先后十次到陕北公学授课，先后六次为陕北公学题词，要求造就“革命的先锋队”。刘少奇同志出席中国人民大学开学典礼并发表讲话，指出中国人民大学“是我们中国第一个办起来的新式的大学……中国将来的许多大学都要学习我们中国人民大学的经验”。1977年秋，在人民大学复校的关键时刻，邓小平同志给予了特别关怀，并强调了中国人民大学的定位：“主要培养财贸、经济管理干部和马列主义理论工作者”。江泽民同志于2002年来校考察调研，强调发展繁荣哲学社会科学与自然科学同样重要，勉励学校努力成为以人文社会科学为主的世界知名的一流大学。胡锦涛同志于2008年、2010年来校出席活动、考察学校，要求学校弘扬光荣传统，“办出特色、办出水平”，努力创建“人民满意、世界一流”大学。习近平同志曾于2005年、2006年、2009年、2012年、2022年先后五次到学校出席活动、考察工作。2017年，习近平总书记致信祝贺学校建校80周年，充分肯定学校的办学成绩，明确指出中国人民大学在“我国人文社会科学领域独树一帜”，并殷切希望学校“围绕解决好为谁培养人、培养什么样的人、怎样培养人这个根本问题，坚持立德树人，遵循教育规律，弘扬优良传统，扎根中国大地办大学，努力建设世界一流大学和一流学科”。2022年4月25日，习近平总书记专程到学校考察调研并发表重要讲话，充分肯定学校85年的办学成绩，对学校未来发展提出了重要的政治嘱托，要求学校坚持党的领导，坚持马克思主义指导地位，坚持为党和人民事业服务，落实立德树人根本任务，传承红色基因，扎根中国大地办大学，走出一条建设中国特色、世界一流大学的新路。

这是一所为中国革命、建设和改革开放事业作出突出贡献，在我国人文社会科学领域“独树一帜”的大学。中国人民大学在长期的办学实践中形成了“人民共和国建设者”的摇篮、人文社会科学高等教育的重镇、马克思主义教学与研究的高地的办学特色，为我国人文社会科学繁荣发展作出了奠基性、引领性贡献，新中国的经济学、法学、新闻学、马克思主义理论等诸多学科由中国人民大学首先创立并走向全国。从1950年至今，国家历次确立重点大学，中国人民大学始终位居其中；在国家历次重点学科和一级学科评估中，学校都取得了骄人的成绩。学校是国家“985工程”“211工程”重点建设大学，2017年入选国家“双一流”建设高校，14个学科入选“双一流”建设学科。从陕北公学时期至今，学校共培养了37万余名高水平建设者和各行各业优秀人才，成为中国共产党探索创办新型高等教育、扎根中国大地办大学的典范和缩影。

这是一所一代代革命教育家、红色教育家、人民教育家筚路蓝缕、接续奋斗，“人师”“经师”云集的大学。吴玉章、成仿吾、郭影秋等老一辈无产阶级革命家为学校的创立、发展殚精竭虑、夙兴夜寐，范文澜、李景汉、何思敬、吴景超、尚钺、许孟雄、何干之、戴世光、艾思奇、缪朗山、庞景仁、何洛、陈余年、宋涛、袁宝华、甘惜分、石峻、吴大琨、苗力田、吴宝康、佟柔、高鸿业、胡华、刘佩弦、王传纶、邬沧萍、萨师煊、孟氧、塞风、萧前、彭明、徐禾、黄达、孙国华、查瑞传、黄顺基、方生、卫兴华、钟契夫、刘再兴、彦奇、钟宇人、戴逸、方汉奇、高放、陈共、阎金锷、许征帆、周诚、何沁、罗国杰、李占祥、周升业、高铭暄、王作富、胡均、阎达五、许崇德、庄福龄、蓝鸿文、赵中孚、严瑞珍、林茂生、王思治、刘铮、赵履宽、林文益、陈先达、李秀林、夏甄陶、李文海、吴易风、方立天、胡乃武、周新城、张立文、曾宪义、郑杭生等一大批“经师”与“人师”相统一的“大先生”为党和人民的教育事业，为学校的学科发展、学术繁荣和人才培养作出了重大贡献。他们无论是在革命的战壕中，还是在教育战线上，所有的牺牲与奋斗的出发点与最终目标，都是为了祖国和人民，这是中国人民大学的鲜明特色和优良治学传统。进入新时代，全国高等教育领域仅有的两位“人民教育家”国家荣誉称号获得者卫兴华教授和高铭暄教授均出自中国人民大学。

“党办的大学让党放心、人民的大学不负人民”。如果不了解中国人民大学独特的办学历史与光荣传统，就不会理解人大人的忠诚、艰苦奋斗与实事求是的价值取向和精神追求。如果不了解中国人民大学在中国高等教育史上的独特地位和开创性贡献，就不会理解今天学校培养“复兴栋梁、强国先锋”、走出“一条建设中国特色、世界一流大学的新路”

的底气与担当。

翻开人大校史，迎面而来的不单单是一所学校的发展历史和一段段感人至深的文字，还有在中国历史发生翻天覆地变化的百年间，感应时代之变、回应时代之问的一个特殊群体的贡献和一所学校所铸就的功勋。在这里，珍藏着不同时代的鲜活印记，矗立着一座座须仰视的丰碑，引人思考，催人奋进，带给我们坚定前行的力量。

校党委书记 张东刚　　　　校长 林尚立

2023年6月1日

代　序

家父离开我们一年多了，但，他好像一直就在我们的身边……

2022年10月，家父学生李鑫告诉我，家父的回忆录在多方的努力和协调下，即将公开出版发行，为了使回忆录更加完整，希望我写点文字。这是我的责任，也是心之所愿。

2016年10月，家父写的回忆录已经定稿，但一直没有印刷出版。他在世的时候家人和亲朋好友就催促过，希望这本回忆录早点和大家见面，可每每谈到这个话题时，他总是说再等等，不着急。这些年，我们也一直记挂这件事。

回忆录定稿后，家父笔耕不辍，全身心投入编辑整理自己文集的工作，整理出版了马克思主义哲学史研究的主要成果。2017年6月，在中国人民大学出版社出版了《马克思主义中国化与思想政治教育专题研究》（计28万多字）和《马克思主义史专题研究》（计48万多字）两本著作。整理工作费时间耗精力，家父查找引文原始资料，逐一核对出处，与出版社校对书稿，保证著作出版水平和质量。2020年10月25日是中国人民志愿军抗美援朝出国作战70周年纪念日，家父作为一名曾经参加过抗美援朝战争的志愿军老兵，受邀出席在人民大会堂举行的纪念中国人民志愿军抗美援朝出国作战70周年大会，并获得中国人民志愿军抗美援朝出国作战70周年纪念章。他回顾那段血与火的峥嵘岁月，心潮澎湃，无比激动，写下了一篇纪念文章《正确领导和依靠群众是抗美援朝战争取得伟大胜利的根本保证》（发表在高等教育出版社主办的《思想理论教育导刊》2020年第12期）。

2021年4月，家父在一次不经意的体检中发现身体异常，住院检查后，我们才知道病很严重而且病情发展很快。事发突然，令人措手不及，脑袋一片茫然。中国人民大学校党委对家父生病情况高度重视，特别关心，多方联系专科医院和有关专家，为家父住院和治疗做了大量工作，并多次来到家里和医院了解病情，不断鼓励家父早日战胜病魔。治疗期间，每次家父去医院看病，学校都会派一位专车司机和一名校医全程负责接送和陪护，国家教育行政学院也安排了一位工作人员协助。在与病魔做斗争的日子里，家父表现得像一名战士那样勇敢与坚定，经常令负责给他做治疗的医生和护士动容。

2021年9月13日，家父永远离开了我们。突然面对这一重大家庭变故，我和家人都还没有做好思想准备，像天塌了一般无助。家父的弟子们闻讯后从全国各地、四面八方急速赶来，时刻守护着我和家人，亲朋好友纷纷前来悼念。“从戎从政从教，忠勇忠诚忠恕，一生荣辱许家国；壮怀胸怀情怀，平常平淡平民，唯余初心师天地。”这是家父大弟子薛广洲代表所有弟子为家父写的挽联。弟子们逐一跪拜送别家父，泪目诉说着对家父的感恩与哀思，在弟子们的心目中家父是多么伟岸和高大。

党和国家领导同志、教育部和国家教育行政学院领导通过不同方式来表达对家父离世的沉痛哀悼，并对家属表示亲切慰问，中国人民大学校领导第一时间来到家里对我们表示关心和慰问，同时，组织人力布置灵堂，操办家父的后事。所有这一切使得我和家人在失去亲人的悲痛中，内心得到很大安慰，我为能生长在这样的家庭，能有这样的父亲感到万分幸福和骄傲。在这里，我想对那些在家父生病治疗期间和离世后，给予我和家人帮助的所有人、单位和机构致以诚挚的敬意和衷心的感谢。

家父走后，睡梦中时常浮现他的身影，依然看到他拉二胡、练书法、听音乐、下象棋；坐在书房里，依然看到他在伏案写作，或与老朋友聚在一起海阔天空、畅谈人生、相互交流、相互勉励，我们做子女的也喜欢凑坐到边上听，每每受益匪浅；走到客厅中，依然看到他和家人和乐融融，在读书看报，关心国内外大事；沿着他的足迹，依然看到他穿行校园间，步履不停。

家父很少与我们谈及往事，偶尔提及，也是轻描淡写。在回忆录里他给自己的一生总结有三个转折。第一个转折是参军，以身许国。1951年，家父当时还在读高中，便积极响应国家“抗美援朝、保家卫国”的号召，在没有和家人商量的情况下，毅然报名参加军干校，脱下学装着戎装当上了一名志愿军战士，跨过鸭绿江，奔赴朝鲜战场抗击美帝国主义，用血肉之躯保卫刚刚成立的新中国。第二个转折是读书，民族复兴。1955年，中央号召全国向科学进军，向文化进军，加速培养各类建设领域急需的人才。家父在临退伍前，通过加倍刻苦努力和超常付出，于1956年考入中国人民大学，圆了上大学的梦想，从此放下枪杆拿起了笔杆，毕业后留在中国人民大学任教。第三个转折是育人，以文化人。1978年，党做出实行改革开放的历史性决策，为解放思想、施展才能创造了更好的环境和条件，家父以只争朝夕的精神投入教学、科研以及后来的党政工作。家父的一生是奋斗的一生。历史是最好的教科书，向前看时不能忘记走过的路，三个转折是那一代革命者无悔的选择，成为一份具有历史价值和时代意义的珍贵资料。

这就是我的父亲，无论身处什么样的时代，他永远都是在做一个党、国家和人民最需要的人，一生坚定追求，淡泊名利，严于律己，甘于奉献，全心全意为人民服务，为民族复兴而奋斗已融入他的血液。现在，这个接力棒交给我们，我们有责任把一生许党许国的奋斗精神代代相传。

这本回忆录的出版得到家父弟子薛广洲、秦志华、路杰、李鑫等的协助支持，在这里，我代表全家对他们的努力和帮助表示感谢。

我想，这本回忆录既是对家父的一种告慰，又是他留给我们最宝贵的精神财富，也是一段历史的见证。

儿子马红宇于北京草桥

2022 年 10 月 20 日

前　言

人是环境的产物，环境培养和造就人。人也是环境的主人，可以能动地改变环境，同时也改造自己。我的一生，是在抗日战争、解放战争、抗美援朝、社会主义改造和社会主义建设、“文化大革命”、改革开放等这些大环境下成长、发展的。我接受的教育及从事的工作，自然也离不开这些大环境，并服从和服务于这些大环境的需要。我自己能够做的，主要是如何发挥主观能动性，不断地去适应环境的要求，在实践中努力学习，改造自己，增长才干，服从大局，服务社会。

总的看，我这一生很平常、平淡，微不足道，像历史长河里的一滴水，鸿篇史诗中的一个符号。在党的领导、教育、培养之下，我做了一些该做的事，谈不到有什么建树，但基本上是积极向上的，力求做到听党的话，努力学习，认真工作，谦虚谨慎，严于律己。回过头想一想，我感到坦然、从容和淡定。

不过，如果对过往的历程较为具体地分析一下，在我生活、发展的不同历史时期和阶段上，道路并非都一帆风顺，也有过起伏，有过坎坷、徘徊和曲折。尤其在错综复杂的社会变革环境和背景之下，受种种主客观条件的制约，有些事情往往是个人难以驾驭的，那就只能顺其自然了。对个人来说，顺境和逆境，成败得失，是非功过，都是对品格的锻造，对意志的锤炼，使人逐步地成长起来。

有一部电视剧有这样的片尾曲："生活就像爬大山，生活就像蹚大河，一步一个深深的脚窝，一个脚窝一支歌。"若将过往的事情比作交响乐章仔细品味，真是如诗如画，如诉如歌，色彩斑斓，抑扬顿挫。生活又像一把双刃剑，用得好，必将披荆斩棘，开拓一片大好天地；不然，则会刺伤自己。生活也是一部教材，内涵丰富，需要不断地在实践中去认识和感悟，无论正面的和反面的，都将有用。人生总会有得有失，只要付出智慧、汗水和辛劳，终将收获美好的未来。

朋友曾送我一幅国画，画上有只屹立待飞的雄鹰。我看到这幅画，联想到革命导师列宁的那句名言："鹰有时比鸡飞得低，但鸡永远不能飞得像鹰那样高。"俗话说："海阔凭鱼跃，天高任鸟飞。"如果不磨砺自己的翅膀，即便是晴空万里，又怎能展翅飞翔？人生如征程漫漫，回首望去，无论遇到什么艰难险阻，无论在顺境还是逆境，在高坡还是低谷，都要认真面对，用心磨砺翅膀，迎接挑战。那日复一日的翱翔、搏击、坚持，永不停息，或许是对我人生征途的一种比喻和解释。

时间过得真快，转眼之间，我已经八十岁了。我对诗没有研究，很少写诗，也写不好诗。这里学着用几段话来简要概括我的一生，放在本书的前言里，便于亲朋好友对我有个轮廓上的了解，并感谢他们对我生日的祝贺。

八十感怀

其一　抗美援朝

老夫当年血气刚，国有危难勇担当。

毅然参加军干校，投笔肩戈跨过江。

抗击美国侵略者，援朝卫国保家乡。

流血牺牲无所惧，正义之师威名扬。

其二　寒窗苦读

科学文化大发展，圆梦考入大学堂。

胸怀壮志进北京，换下戎装着学装。

学习科学求真理，德智体美齐增强。

寒窗苦读七年整，建设祖国报效党。

其三　教书育人

“文革”十年起动乱，国家人民遭创伤。

改革开放焕生机，重执教鞭登讲堂。

传道授业育新人，知行统一铸理想。

教研党政“双肩挑”，为民奉献谱新章。

其四　夕阳美好

风雨征程路漫漫，弹指八旬一挥间。

一生奋斗不停息，求真务实守信仰。

喜看治国理新政，神州处处好风光。

弟子成才家和美，发挥余热保安康。

目录

第一章　苏北岁月

第二章　光荣参军

第三章　朝鲜战场

第四章　人生转折

第五章　大学寒窗

第六章　从教生涯

第七章　党政工作

第八章　退休生活

第九章　和谐家庭

附录

第一章 苏北岁月

1. 家庭背景

1934年12月20日，我出生于江苏省涟水县岔庙乡东南庄。此地位于陇海线以南、津浦线以东、黄海以西的苏北腹地（统称徐淮地区）。徐淮地区虽属平原，在历史上，往往降雨就涝，无雨则旱，加上连年战乱，老百姓的生活较为贫困，本地穷苦人逃荒到苏南、上海等地干苦力活谋生的非常多。

我的祖父马沂，出身书香世家，是清代的廪生。所谓廪生，是指因科举考试成绩优秀而享受一定待遇的生员。他在本地有一定影响，估计家中有大几百亩土地，在分到我父亲手里时每户大约不到200亩。我的

★ 2001年6月20日马绍孟于出生地旧居——江苏省涟水县岔庙乡东南庄。原房三间为土墙草顶，20世纪80年代改建成两间砖瓦结构

父亲名叫马树筠（1883—1942），字竹生，兄弟五人，排行第二，我记得小时候乡邻们都叫他“马二爹”。他有一定的文化，曾在本地兴办学校，我就读过的马圩小学便是父亲参与兴办的。抗日战争期间，在中国共产党建立抗日民族统一战线的过程中，据说父亲作为开明乡绅是本地共产党游击队进行统战工作的对象之一，游击队的领导人曾到过我们家，找父亲开过会。1942 年春父亲去世时，我刚满 7 岁，只记得他年纪大了，又得了肺病，身体虚弱，咳嗽很厉害，在 个夜晚，有 口痰未咳出来就憋死过去了。这使全家人乱作一团，大家在悲痛和忙乱中为父亲办了后事。父亲留给我的印象始终是一个体弱多病的样子，家中没有留下他的照片和任何文字材料。

父亲的原配妻子朱氏于 1930 年去世，后续娶了我的母亲徐氏（1909—2004）。母亲的前夫姓陈，因前夫早逝才改嫁给父亲的。母亲出身于经济条件中等的农户人家，在那个大家庭中，她是五个兄弟姐妹中的老大，能劳动，善持家。在我们家，自从父亲去世后，我和三个姐姐、两个妹妹，六个孩子都是母亲带大的。为了养育我和姐妹几个，维持一家人的生计，母亲不仅要操持家务，后来还要到田间劳作，里里外外，十分辛苦。

母亲去世以后，我应涟水县老家的爱国主义教育基地要求，写了一篇纪念母亲的短文，现辑录如下：

母亲的教诲

我的成长是同母亲的哺育与教诲分不开的。在我七八岁的时候，父亲就因病去世了。母亲从此挑起了家庭生活的重担。家内外的一切事务，从田间的播种收割，到家里的做饭缝衣，全靠她日夜操劳。她以非凡的坚强意志，忘我的勤奋劳动，克服一切困难，含辛茹苦，把我和三个姐姐、两个妹妹拉扯成人。

母亲没有读过书，目不识丁，但非常重视子女的文化教育，家境再困难，也千方百计、省吃俭用，供子女上学。在那连年战乱的年代，农村里普遍贫穷和落后，让人们生活得有点喘不过气来。母亲时常告诫我们，读书明理才能有出息。在母亲的支持和鼓励下，我和姐妹中，有四个人先后读完小学和初中，其中最小的妹妹读到高中毕业，这在当时的艰难条件下，是多么不容易啊！遗憾的是我的大姐、二姐，因家庭经济条件的限制和协助母亲料理家务的需要，而失去了读书的机会，至今我还感到很惋惜。

1951 年 1 月，我刚过十六周岁，在淮阴中学读高中时，热烈响应党中央发出的“抗美援朝、保家卫国”的号召，来不及赶回百里外的老家去征得母亲的同意，就毅然报名参加了军事干部学校。1952 年 6 月，我随军奔赴朝鲜前线，成为一名光荣的中国人民志愿军战士、全国人民心中“最可爱的人”，在战场上接受血与火的洗礼。此前，我从未远离过母亲的身边，突然投笔从戎，出国打仗，沐浴枪林弹雨，面临生死考验，这对于只有我一位男性子女的家庭来说，特别是对于母亲来说，受到的震撼、冲击是很大的。但是，冷静下来之后，母亲非常通情达理，很快地面对现实，不断给我写信，鼓励我在前线勇敢战斗，并期盼早日胜利归来。我也常给母亲写信，报告在朝鲜前线的情况，安慰她不要牵挂我。我们母子之间的感情，我对母亲的爱，在处理国家民族安危同家庭亲情之间关系的过程中，得到了升华。

抗美援朝战争结束以后，我于 1954 年 1 月回到祖国，继续在军队工作。1956 年，我又响应党中央发出的“向科学进军”“向文化进军”的号召，考取了中国人民大学，接受梦寐以求的高等教育。入学前，我回到了阔别五年多的母亲身边。她对我问长问短，问寒问暖，满村去宣扬儿子回来了，考上大学了，喜悦之情溢于言表。在我读大学及后来工作的几十年中，母亲一如既往地不断鼓励我认真学习，诚实做人，努力工作，不辜负党的培养教育和家乡父老的期望。她乡情很浓，故土难离，但常来北京我这里住一段时期，帮助料理家务。我的儿子从小就被送回老家，由我母亲抚养了十年。我姐姐、妹妹家的好几个孩子和三姐夫的弟弟，小时候也都是由我母亲帮助抚养的。她老人家一生饱经风霜，历尽艰辛，无怨无悔，把全部爱、全部精力和智慧，都无私地奉献给了子女和家庭，乃至于社会。

母亲不善于讲修身齐家、为人处事的大道理，但她以自己的身体力行为子女们做出了榜样。她勤奋刻苦，任劳任怨，待人谦和，乐于助人。她常去帮助村上一些贫病的乡亲，从而得到乡邻们的称赞。在解放战争时期，大约是 1947 年 5 月，国民党军队“清剿”苏北解放区，其中一支军队在涟水县马圩村驻扎了十八天。有一天，一位村上的党员干部急匆匆跑进我家院子，对我母亲说，后边有国民党兵追捕，必须立即躲藏起来。情急之下，母亲二话没说，就将这位干部藏到我家厨屋南墙外的高粱秆丛中，并做了些伪装。不久，追兵就来到我家门口，问刚才有没有人跑进来，藏没藏在这里。母亲镇定自若，回答说没有。国民党兵凶狠地打了母亲一记耳光，并用枪托猛击母亲的腿部，进行威胁。母亲坚持说没有见到。几个国民党兵迅即冲进院子，四处搜查，还用刺刀在藏人处的高粱秆丛上捅了几下，看没有什么结果，便气急败坏地离去了。待国民党兵走远后，母亲赶紧招呼那位干部出来，让他马上转移到更安全的地方。我后来听说这件事，从心底里敬佩母亲的胆识和冒险救人的精神。

2004 年 10 月，母亲以九十五岁高龄走完了平凡而伟大的人生历程。我满含热泪向母亲告别：亲爱的母亲，您给予我们的，太多太多；而我们对您的报答，则太少太少。

有一首古诗，生动、形象地刻画了母子深情：“慈母手中线，游子身上衣。临行密密缝，意恐迟迟归。谁言寸草心，报得三春晖。”

母亲的教诲，我们永远铭记心中。

2007 年 5 月 10 日

我有四个姐姐、两个妹妹。一位姐姐马绍静是父亲的原配朱氏生的，我称其为“老二姐”，在她之前还有个早夭的姐姐。老二姐嫁在我家北边 20 多里路的王湾一户王姓家庭，生有一子一女，丈夫因抽大烟病故。老二姐大约在 20 世纪 70 年代去世，儿子当过解放军，退伍后也病逝。另外两位姐姐陈桂香、陈桂芳（后来改名马桂芳）是母亲和其前夫所生，跟随母亲在我们家长大，我称呼她们为“大姐”和“二姐”，都务农，健在。大姐夫严树同，20 世纪五六十年代当过生产大队支部书记，已故。大姐家有两子三女，都已成家立业，其中一子严顺清曾在北京当兵，已退伍留北京工作，我们常有往来。二姐夫王建农，小学教师，已故。二姐家有一子五女，也都成家立业。还有一个姐姐、两个妹妹和我同父同母，即三姐、四妹和五妹。三姐马绍纯，出生于 1933 年，比我大一岁，她中学毕业后当小学教师，直到退休。由于我离开家庭较早，在外地工作，母亲晚年的大部分时间都是同三姐生活在一起的。三姐夫张治国，也是小学教师，还当过乡领导，后来从县医药公司领导岗位上退休，已故。三姐家有一养女张晓丽，大专文化，已从会计岗位退休，为人聪敏能干，任劳任怨，敬老爱幼，深得家人和亲友的赞誉。张晓丽的爱人蒋同群，在淮安电大工作，忠厚勤奋，埋头苦干。四妹马绍泗，出生于 1936 年，中学毕业后当小学教师，直到退休。她生有四子，毕生操劳，晚年身体不好，于 2005 年病故。四妹婿薛兆玉，当过中学教师，从县委党校副校长岗位上退休，现在家安度晚年。他的四个儿子都已成才立业，有所建树。老大薛涛，教授，胸外科主任医师；老二薛亮，会计电算化专业硕士研究生毕业，大校军官，后转业到审计署任高级审计师；老三薛峰，从商，公司高管；老四薛胜，县税务局基层领导。五妹马绍云，出生于1940年，从中学教师岗位上退休。她生有三男一女，都成家立业，分别从事医生、律师、工人、翻译等职业，也有建树。五妹婿夏学孟，石油行业高级工程师，多年在油田和野外工作，很辛苦，已退休，晚年身体欠佳。

特别要提到的是，在我这些姐妹中，三姐马绍纯对家庭及亲友的贡献和作用最大。她不仅爱岗敬业，本职工作很出色，常常受到表彰，而且在家里帮助教育我的儿子和姐妹家的好几个孩子，后来母亲的晚年和三姐夫张治国的晚年都是她主持照料并送走的，真是充满爱心，无私奉献，非常操心和辛苦，因此受到大家的称赞、尊敬和爱戴。她是我们亲友联系、相聚的纽带和核心，是大家学习的榜样。好人一生平安，祝三姐晚年幸福安康！

还得说一下三姐夫的弟弟张治中，他很小的时候父母就去世了，是我母亲协助他的哥哥和嫂子将其带大的。他当过兵，后来在淮安市外贸局工作，活动能力较强，头脑灵活。他对照顾我母亲和三姐夫的晚年，费了不少心力。我每次回淮安，都少不了他热情周到的接待。

2. 遭受绑架

我的整个童年和少年都是在抗日战争和解放战争的大背景下度过的。1937年7月7日，卢沟桥事变爆发，日寇侵略魔爪很快向华北、华中等地延伸。日军所到之处，烧杀抢掠，无恶不作，给中国人民带来巨大灾难。1939 年，日伪军占领了涟水县城，并逐步在涟水县的若干乡镇建立据点，其中离我家较近的据点有岔庙（7 里）、高沟（15 里）、马厂（10 余里）、梁岔（10 余里）等。日伪军常常下乡“扫荡”、掠夺，危害百姓。从那以后，我们家逐渐衰落。我家虽然有近 200 亩土地，可因为时局动乱，父亲不久又逝世，天灾人祸，使得家中经济条件每况愈下。

20 世纪 30 年代末，共产党领导的游击队已经在涟水一带农村展开了游击活动，并逐步扎根。不过情况还是很复杂的，县城和个别乡镇驻着日伪军，农村里则活跃着共产党的游击队。国民党和土顽在一些地方也有一定的势力。在我们村子北边二三十里的地方，土匪的活动就很猖獗。有个土匪头子，纠结一些地痞流氓等社会恶势力，以绑架劫掠为生，作恶多端。

大约 1940 年春，我曾被土匪绑架。事情的大概是这样的：有一天晚上，全家人已熟睡，突然有一帮土匪闯进我家，劫走了我和三叔的孙子即我的堂侄、与我同龄的马君毅。我被带到北边 30 里外的一个地方，关在离村子较远的一间较为孤立、简陋而破旧的草房里，该房屋大约十平方米，进门对面是一个灶台，灶台上安放有两口锅。屋内左侧靠北墙放一张简易的木床，上面铺有芦苇秆和芦苇席。床前右墙边挖有两个约半米深、直径半米多的土坑，坑里面垫些碎麦秸。床上住着两个成年人，一男一女。这两个人往往是上午出去，傍晚才回来。我和另一个被绑架来的比我还小的男孩睡在各自的土坑里。由于土坑小，我们的身体无法完全伸展，只能斜坐着或蜷缩着睡。这间房子很可能是土匪专门用来关押被绑架人质的。

在这间破屋子里，我被关了大约一个月。那时，日本人的飞机有时出动实施轰炸和扫射，每到此时，我们就被带出去，躲在野外的沟沟坎坎里，等飞机走后再回来。那个比我还小的孩子，因为生存能力差，后来得了病，便被带走了，据说被折磨死了。

土匪绑架我以后，便向我家勒索钱财。因为我是家中独子，被绑架后，全家人自然焦虑万分，心急如焚。父亲通过变卖家产，东挪西借，凑了数百还是更多的银圆（具体数目不详），最终才把我赎了回来。

在土匪手里，我们每天最多只吃两顿饭，不过是喝些稀饭，饿得直瞪眼。白天，负责看守我们的那对男女出去后，我常跑到锅台上看锅里有什么剩下的稀饭，有的话，赶紧偷着喝两口。我身上较好一点的衣服都被扒光，换上破烂不堪的衣服和鞋子，脚趾都露在外面。天气很冷，我只能蜷缩在土坑里。由于衣服太小，我穿上后绷得紧紧的。回家后，浑身都是虱子，衣服被剪刀剪开才算脱了下来。据说，绑架我的土匪线人和土匪头子很快就被共产党游击队抓住并枪毙了。我的堂侄马君毅没有同我关在一起，他的境遇比我略好点，也很快被赎了回来。从那以后，我父亲的肺病逐渐加重，讲话都发不出声来，直到去世。

3. 小学阶段

从 1941 年起，我先后在小瓦庄小学、路口庄小学、马圩小学读书。战乱时期，我读小学是断断续续的，虽然前后共有五六年，但学校经常停课，我们也因故不停地停学或转移，真正学习的时间没有多少。

小瓦庄小学离我家只有半里多路，在那里我读了一二年级。这个小学条件很差，学校课桌是用土坯或砖块垒起两个墩子，上面再搭上木板，板凳是自己带的。教室少，不够用，有时一个教室里同时有两个年级的学生上课，其中一个年级听课，另一个年级做作业。三四年级时，我转到路口庄小学，学校分散在从几个农民家借来的房子里，离我家有5里远。每天中午，我都到一位亲戚家里吃饭。四五年级时，我又转到了马圩小学。马圩小学是我父亲参与创办的，距我家有两三里地，由于战乱和贫困，办学条件也很简陋。

在这种战乱环境中，我们的老师依然认真教学，其中有几位给我留下了深刻印象。有位老师叫朱文农，是我们邻村人，因为教师数量少，他一个人能教几个年级的好几门课，教学态度认真，循循善诱。此外，周景先生讲课也很得学生好评，他在讲如何写作文时，教我们用起承转合的方法，细心讲述如何开头、如何结尾，以及文中的转折等写法。

在读小学这段时间，我的家庭生活是比较艰苦的，到了春天，粮食有时不够吃，不得不到田间去挖些野菜，或采集发芽不久的嫩榆树叶回来吃，连榆树皮我们都吃过。当时，苏北我家一带农村的粮食作物有小麦、玉米、高粱、白薯等，小麦的亩产量很低，能有60~80斤就很不错了。种庄稼没有化肥，所用的只是猪粪、牛粪以及草木灰等，可是每家的蓄积极其有限。土地并不肥沃，有不少是盐碱地。大多数情况下，我们常年主要吃高粱、玉米、白薯等粗粮。白薯的产量相对高一点，晾晒成白薯干后，可以同少许其他粮食一起煮成稀饭充饥，家家户户还都有窖藏做储备。当年卫生医疗条件差，农村里常常流行各种传染病。我三四岁的时候得过黑热病，好不容易才治好。上小学阶段，我得过痢疾、疟疾等病，生过疥疮，为了治病，还到河沟里找艾草，熬成水后洗疮面。时至今日，我的腿上还留有一些当年的疥疮疤痕。

小学阶段，我们除了学习语文、数学，还有一些自然常识。小学一二年级的时候，老师教我们用毛笔写大字，我对此比较有兴趣，可是我的算术不大好，老师曾因此拿小尺子打我的手心。

小学一年级的课本仍旧是国民党时期的。后来，解放区政府统一印发了一些小学课本，也有的教材是老师自己编写油印发给学生的。在我的印象里，小学教室里最初挂着孙中山的画像，后来换成毛泽东和朱德的画像，表明基层政权已经基本上掌握在中国共产党的手中了。小学阶段原本有六年，可我实际读书的时间大约断断续续不到五年。

4. 加入儿童团

20 世纪 40 年代初，新四军从长江以南向江北发展，经过同国民党顽固派的坚决斗争，与黄克诚率领的八路军第五纵队会合，共同创建苏北抗日根据地，发展抗日民族统一战线，建立抗日民主政权。1940 年 8 月，共产党在涟水县建立抗日民主政府，下面还有若干基层乡政权。1941 年皖南事变后，新四军军部在苏北盐城重建，陈毅任代理军长，刘少奇任政委，领导盐阜区、淮海区（涟水县隶属淮海区）等苏北广大地区的军民，开展抗日游击战争，同敌伪多次进行反“扫荡”斗争，同时也坚决打击地方土顽势力，使抗日烽火燃遍苏北大地，抗日根据地逐步得到扩大和巩固。

我当时年纪小，大的形势不大清楚，但也亲身经历和目睹了家乡群众和游击队进行抗日、反“扫荡”斗争的一些事情。日伪军占领涟水、高沟、岔庙等城镇，常到农村来“扫荡”，我们就跑，东躲西藏，并将粮食和一些有用的东西藏好，等敌人走后再回来。这种躲避日伪军的方式被我们称为“跑反”。不过，敌人也不敢轻易下来，因为农村到处有共产党领导的游击队。如果是小股的日伪军，游击队很快可以将其消灭。为了防止日伪军因修炮楼而到村里弄砖头，村民们把墙上的砖头都用镐头砸碎，想尽一切办法与敌人斗争。

大约在 1944 年，我参加了儿童团。为了防止汉奸、土匪的破坏活动，儿童团常有组织地拿着竹竿子在村外站岗放哨，检查往来的行人。电影里常有类似的情节，不过较之生活更为典型。那时，人们如果要去较远的地方，需要有路条子，上面盖有地方政权的印章，倘若没有路条子，儿童团便向村里发信号，或带路人去村里，由村干部过问。抗日根据地的基层政权，组织和管理是比较严格的。儿童团还进行一些抗日文娱宣传活动。县里或区里派下来青年干部，教我们跳秧歌舞，唱解放区的歌曲，如《解放区的天》《游击队员之歌》《黄河颂》等，有时也给村民表演，丰富群众和学校的文化生活。我们还到村上书写或张贴抗日宣传标语，抗日宣传活动的形式和内容，尽可能丰富多彩。

1943 年 4 月，抗日武装攻克距离我家不远的马厂、岔庙等敌伪据点。1944 年 4 月，抗日武装经历 16 天的战斗，拔除日伪据点高沟和杨口，史称高杨战役。攻克高沟后，小学老师带我们去参观战场。高沟旁的六塘河边及附近的麦地里，到处都是日伪军的尸体，可见战斗之激烈。有时，学校还会组织我们参加镇压反革命的公审大会。会上群情激愤，与会群众站在台下高喊口号。公审一结束，罪大恶极的土匪头子就被拉出去在附近枪毙了。学校教育同阶级斗争实践相结合是当时抗日根据地教育的一个重要特点，我都亲身经历和耳濡目染，深有体会。

当时农村的学校教育与生产实践也是密切相结合的。我们虽然年纪小，但干过不少农活，比如割草、喂牛，跟成人学习犁地、耙田、打场等。打场即把粮食收割后，晒在场院里，用牛拉着石磙碾，一圈一圈地把麦粒挤压下来，然后把麦秸抖落干净，收起粮食运回家去。

1945 年 8 月 15 日，日本宣布无条件投降。8 月 22 日，涟水县城被我军从日伪手中拿下，使涟水全境获得解放，我们无比欢欣鼓舞。抗战胜利后，学校的教育环境明显得到改善。但好景不长，1946 年 6 月，国民党发动内战，7 月，国民党军队侵犯苏皖边区。苏皖边区政府设在清江市，距我家约 100 里。我就在这种大背景下结束了小学阶段。

5. 中学时代

涟水县属淮海区。1946 年秋天，我进入淮海区第一中学读书。该校 1947 年更名为涟水中学。学校有一个本部和三个分校，只有初中，没有高中。校本部和每个分校都规模不大，各有一百多人。我在二分校就读，校址位于我家东南方向约 5 里远的孙桥。在政府的支持下，学校借用当地一户开明人家的土地，盖成两排教室和老师的办公室，条件简陋。我每天早上上学带点母亲准备好的干粮，中午将干粮放在学校的大蒸笼上蒸好，吃后再喝点水就算一顿午饭了。学习的课程有数学、语文、音乐等，教材是老师自己编选油印的。虽然条件艰苦，但大家很努力，非常珍惜难得的读书机会。我在孙桥二分校学习的时间不到一个学期。

1946 年 10 月，第一次涟水保卫战时，解放军击退了国民党第七十四师。学校曾组织学生照顾解放军的伤病员，我也参加了。同年 12 月，第二次涟水保卫战时，解放军经过激战，主动从苏北转移到山东。涟水中学的党、团骨干和不少老师以及年龄大一点的学生，都随军北撤到山东，跟随部队做一些医疗服务和文化宣传工作。我因为年龄小，没有跟着去。解放军北撤后，国民党的军队和“还乡团”来了，于1947年春天烧了我们的孙桥二分校。由于国民党军时常下乡“扫荡”，因此1946年底至1947年间，我近一年的时间都没有上学。后来二分校转移到我家东边20多里地的陈老庄继续办学。我于1947年底1948年春，到陈老庄二分校继续读初中，住在陈老庄北边四五里路的徐小舍外祖母家，早出晚归，中午带一块粗粮饼到学校当午餐用。后来，又住到陈老庄南边1里多路的大姐（陈桂香）家，其间还有一小段时间住校，条件极其艰苦。1949年暑假之后，二分校被合并，我转到孙大梨园的一分校就读。孙大梨园位于我家西北方向十二三里地。

在陈老庄学习的一年多，解放战争的形势越来越好，我们家乡的共产党基层政权逐步稳定，学校的教学质量也一步步地提高。陈老庄二分校的教室是借用农民的房子，共有两个班级。1948年7月初，华东野战军苏北兵团发起涟水战役，歼敌三千余，涟水全境获得解放。解放区需要干部，我们中学有的同学及时参加了工作，我因年纪较小，继续留校学习。

从1948年到1950年中学毕业，这两年的学习较为正规些，教室固定了，课程也逐步增多了，除语文、数学外，还有政治、历史、地理等，还学过一学期英语，慢慢地也有了体育课，老师教我们做操。我读中学时，连足球、排球都没有见过。课余时间，我们会去操场打篮球和乒乓球。篮球架子只有一根木柱支撑，很简陋。乒乓球台是在水缸上面铺一块门板，弄几块砖头挡在门板中间做分界，也极其简陋。后来也有了美术课和音乐课，老师带领我们作画、唱歌，大家的兴趣很高。

读中学时用的教材，有一些是油印的。教务部门有一两台油印机，专为油印教材所用。有的教材是老师们自己选编的。如语文教材选编了朱德的《回忆我的母亲》、朱自清的《荷塘月色》、高尔基的《海燕》，以及部分中国古文和古典诗词等，这些内容给我们留下了深刻的印象。至于数学，直到初中毕业，我们只学过初等代数，连平面几何都没有学。我在小学、中学阶段所学到的基础文化知识，远不及现在的中小学生。

6. 尊师爱生

中学的很多老师，给我们留下深刻的印象，比如二分校主任黄赞勋。他早年参加革命，加入中国共产党，两次坐过国民党的监狱。后来他以民主人士身份，一直在党的领导下从事革命工作，当过本地游击区的区长，后来又办学兴教，对家乡的教育事业做出了重要贡献。黄老师在同学中威信很高，为人正直，言传身教，知识渊博，思路清晰，能讲授好几门课程。他对学生非常关心，善于做学生的工作。他有时会跟我们聊天，有针对性地讲一些做人的道理。当时我家庭经济困难，住校时，既没钱也没有粮食带到学校去，黄赞勋老师总是想办法给我提供几升粮食以解决吃饭问题（相当于助学金），使我能够继续学习下去。新中国成立后，他担任过淮阴师范专科学校领导，是当地一位著名的教育家。不幸的是 1957 年反右派时他受到不公正的对待，当然最终也被改正了。

此外，教数学的朱文农、教政治的邵亭幕都是饱学之士。淮海战役期间，邵老师曾带我到陈老庄二分校附近的灰墩镇墙上画形势地图，宣传解放战争不断取得伟大胜利的大好形势。我们还出去写标语，组织一些小型文艺活动，到农村做宣传。我因为学习进步快，成绩优秀，积极参加社会活动，于 1949 年 7 月加入了中国新民主主义青年团，当时青年团还未公开，后来中国新民主主义青年团更名为中国共产主义青年团。

1949 年暑假后，我已转到孙大梨园一分校上学。这年冬天，校长闻金门带我们到周边农村访贫问苦，了解民情，对我们进行艰苦奋斗、将来为劳动人民服务的教育。当时的班主任汤月樵，数学老师王伯诚、孙景堂，英语老师施天明等，教学态度都非常认真。到了 50 年代，汤月樵和王伯诚老师都当了中学校长。这些老师都有旧大学或师范院校的底子，基础深厚，他们为老解放区乃至于新中国的教育事业做出了重要贡献。

老师们教育学生，重视德智体的全面发展，既认真传授书本知识，尽可能地打好学生的科学文化基础，又高度关注学生的思想品德和实践能力教育。在阶级斗争尖锐的战争环境下，教育学生明辨是非，分清敌、友、我，树立为被压迫被剥削的劳苦大众翻身解放、当家作主而奋斗的革命信念。针对广大农村比较贫穷落后的状况，教育学生认清贫穷落后的根源主要是帝国主义列强的侵略和国内反动统治阶级的剥削与压迫，只有在中国共产党的领导下，通过革命手段，推翻压在中国人民头上的“三座大山”，即帝国主义、封建主义和官僚资本主义，消灭剥削阶级的统治和压迫，才能逐步摆脱贫困落后的状态。懂得了这些道理，学生的学习便获得了巨大的动力。农忙的时候，学校通常会放几天假，让学生帮助家庭耕种收割，这对于培养学生的劳动观念和实践能力，培养学生与广大劳动人民同呼吸共命运的情感，是非常重要的。

在我的中学同学中，有一些人没等到毕业就参军或参加工作了。这是因为随着解放战争从 1947 年 7 月转入战略反攻以后，经过辽沈、平津、淮海等几大战役的胜利，解放区的规模迅速扩大，基层政权的巩固，新解放区的建设，都需要大批干部，同时，军队也需要不断补充兵员，承担渡江战役和解放全中国的历史重任。我们中学是苏北老解放区的学校，为迎接全国解放输送人才是理所当然的。一些初中毕业前参加工作的同学中，陈敬、王德玉、纪铁城、孙义华、徐飞、陈登昌等人，我至今仍同他们保持联系。他们为解放战争的胜利、为新中国的建设，在各自的岗位上做出了应有的贡献。

7. 勤学苦读

我在小学阶段的学习成绩一般，并没感到很大的负担。初中一年级时，我的数学考试有一次没及格，黄赞勋和徐慎明两位老师把我叫到办公室，耐心、诚恳地批评了我，我深感愧疚，觉得很没面子。自此之后，我决心奋发努力，每天放学回到舅舅家，晚上点上小煤油灯，在豆大的灯光下学习。我用的小煤油灯是自制的：在墨水瓶里装上煤油，瓶口放一个铁皮盖，盖中间有铁皮管子，灯芯穿过其中，用时将灯芯点亮。这比一般人家用的豆油灯要亮一些。当然，更好一点的照明灯是玻璃罩灯，老师们晚上办公便用它。住校学生晚上自习用的是汽灯，其燃料也是煤油，里面被注入气体，故叫汽灯。这种有灯头网的装备，比普通煤油灯要亮得多。

自从被老师批评后，我晚上复习白天学过的东西，早起背诵语文，经过用功学习，不久成绩便在班里名列前茅，同学们一致认为我的成绩比较优秀。在老师的指导下，我还练习过大楷小楷。当时我们写字、作文都用毛笔，后来又有了钢笔。起初，自来水笔属于比较奢侈的文具，大多数时候，我们只能用蘸水笔。中学阶段，我有过一支旧自来水笔，质量不大好，是舅舅留给我的。

舅舅家人口多，经济条件也不好，加之我的大舅被下乡“扫荡”的国民党军队抓去杀害了，家境就更差。春夏之交，他们家粮食不够吃，田里的麦子尚未成熟，就迫不及待地将一部分还未变黄的麦穗割下来，再磨成浆煮成稀饭充饥。为了确保我每天上学能带一点干粮到学校去当午餐用，外祖母和舅舅一家老小，常常自己喝稀粥，千方百计省点小麦面或杂粮粉，烙一块饼或做一个菜包子给我带到学校去吃。他们家养了几只鸡，下的鸡蛋舍不得吃，多数情况下是凑够一定数量后拿到集市上去卖，将卖鸡蛋所得的钱买点煤油回来供我晚上点小煤油灯上自习照明用，或买点纸张文具及其他日用品。外祖母偶尔也会煮一两个熟鸡蛋悄悄地塞到我的书包里，让我带到学校或在上学的路上吃。他们对我关怀备至，我要是不好好学习，如何对得起他们的一片苦心？我当时就下决心，将来一定要好好地报答他们。

多年以来，每当我想起这段经历，心里总是很不平静，满怀感恩报恩的心愿。我当上大学教师后，经济上开始独立，后来成家立业，上有老下有小，工资不高，勉强过得去。但只要有可能，我都会力所能及地给在农村务农的两个舅舅带点钱物，孝敬他们，报答他们当年支持我上学读书的恩情。遗憾的是外祖母没有等到我的报答就去世了，我永远铭记她对我的关爱，她的勤劳、宽厚、无私关心下一代等优秀品格，值得我永远敬仰和学习。

1950 年春天，我们家乡遇到罕见的灾荒，许多老百姓都吃不饱饭，学校也不例外。有时吃饭的时候，大木桶里装的是高粱米稀饭，再掺放些豆饼渣，大家排着队，每人只能分得一碗，肯定是吃不饱的，只能将就维持生命。这些朝气蓬勃的青少年学生被饿得哇哇叫。老师们的伙食也很差，但都坚守岗位，与学生们同甘共苦，熬过了艰苦困难的春天。

我常以上面这些事情教育我的子女和孙子辈，希望他们知道现在的幸福生活和比较优越的学习工作条件来之不易，一定要发扬艰苦奋斗、刻苦努力的精神，这不单是日常生活中不要浪费、省几个钱的问题，而且是一种人生观和价值观，是一种精神和理念，以这种精神和理念来学习和工作，什么困难都可以克服，什么难关都能够攻克。如果广大青少年都努力去培养这种精神和理念，个人的前途与国家的未来将会大有希望，美好的梦想就能变成现实。

我在孙大梨园一分校上学期间，因为学习成绩好，积极参加社会活动，在同学中有一定的威信，因此经过民主选举，当过一届学生会主席。在老师的指导下，学生会负责组织学生开展文娱、体育、宣传等活动，如进行时事测验、出壁报、到农村写标语宣传解放战争的形势等，努力使学生的课余生活丰富多彩，彰显年轻人的朝气和活力。

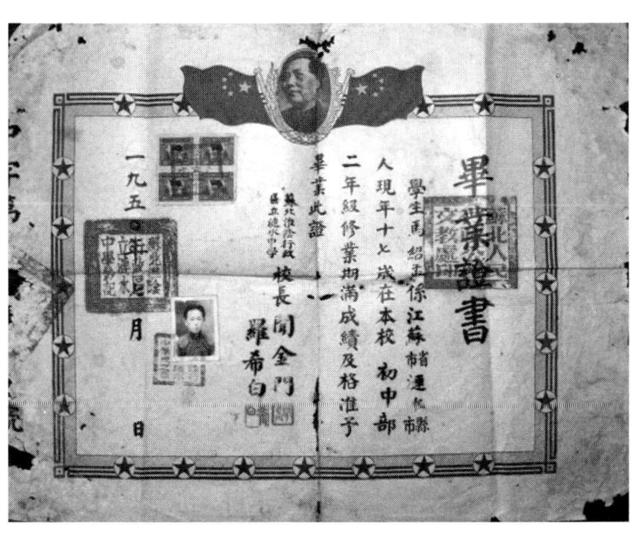

★ 1950 年 7 月，马绍孟的初中毕业证书

8. 战乱年代的危险

1946 年 6 月内战爆发以后，国民党军队向苏中和苏北解放区多次进行“扫荡”和“清剿”活动，遭到我华东野战军的坚决反击。粟裕指挥了著名的苏中“七战七捷”，还有涟水保卫战、盐城保卫战、宿北大战等，都重创了侵犯之敌。1947 年 1 月，我华东野战军向山东做战略转移。此后敌人更加剧了“清剿”活动，在不到半年的时间里，就对华中第六军分区淮安、涟水、阜宁一带进行上千次的“清剿”。我留守军民广泛开展反“扫荡”、反“清剿”斗争，坚决粉碎敌人的疯狂进攻和反扑。

在极其尖锐残酷的对敌斗争中，危险和牺牲是不可避免的。

1947 年 1 月，国民党第七十四师某部在向陇海线和山东侵犯的途中，有一天晚上驻扎在涟水北部灰墩一带。我舅舅家离灰墩很近。国民党军队一个连部住在我舅舅家，从屋里搜出一支破旧的步枪，于是抓了我的三舅徐国祥，认定他是共产党的游击队，一再加以拷问。我三舅拒不承认，说那是抗日战争时日伪军丢弃的，并有一些乡邻作证，最终总算逃过一劫。那天晚上，我躲在邻居家，第二天听说此事，感到很后怕。新中国成立后，我三舅入了党，还当过大队干部，2012 年以 90 岁高龄过世。

我的大舅徐国珍（1916—1947）就没那么幸运了。他小学毕业后就读新浦海州师范学校，后投身抗日洪流，1944 年加入中国共产党，担任过村农会会长、乡民兵中队长，区财粮股股长，1946 年 9 月任涟水县浦庵乡乡长。浦庵乡是涟水县的“两水”地区，即共产党和国民党反复争夺的游击区。1947 年 11 月 8 日，因叛徒告密，国民党及“还乡团”偷袭浦庵乡乡政府所在地。大舅率部经过激战，终因寡不敌众而不幸被捕，并于 11 月 11 日受尽严刑折磨后壮烈牺牲，头颅被敌人砍下，悬挂在敌人的据点外示众。大舅牺牲时，我正住在外祖母家，噩耗传来，全家人无比悲痛。我非常爱我的大舅，他给予我许多关心和教诲，以言传身教为我们和后来人树立了榜样。他的英名垂千古，精神传万代。

1947 年 5 月 1 日至 18 日，国民党军队下乡“清剿”，来到距离我家 2 里多路的马圩，驻扎了 18 天。其间有一天，国民党军队下乡“清剿”时，追捕我们村一位共产党村干部，我母亲冒着很大危险救助了这位干部安全脱险。该村干部许多天未敢回村，他家有个行动不便的高龄老奶奶一个人待在家里，无人照料。我母亲每天给这位老人送饭，直至马圩的敌人撤走为止。这家人对我母亲感激不尽，乡邻们对此事也交口称赞。

9.《烽火中的涟中》

我从小学二三年级就开始接受共产党领导的解放区的学校教育。我认为，解放区的教育有许多好的传统和经验，值得在新的历史条件下加以总结、继承和发扬。我们涟水中学的老校友曾写过一本书回忆革命战争年代涟水中学办学的情况，书名叫《烽火中的涟中》。2003 年 11 月，我应邀在该书首发式上做了发言，现辑录如下：

各位领导、各位老师、各位校友、各位同学：

我有幸参加《烽火中的涟中》一书首发式，见到许多老师、老同学和老战友，非常高兴，非常激动。

《烽火中的涟中》一书，记录了革命战争年代涟水中学许多真实、动人的事迹和很多作者发人深省、催人奋进的透彻感悟。

历史是一部内容丰富而生动的教材。《烽火中的涟中》从一个重要的侧面反映了我们党在革命战争年代办教育的优良传统，凝结着解放区和根据地广大群众、广大师生崇高的精神风貌。这种优良传统和精神风貌，内涵非常丰富，我想有几点是值得强调的：

第一，教育是为实现党的总目标和总任务服务的。战争年代的涟水中学，为抗日战争和解放战争的前线，为解放区和根据地的建设，培养和输送了大批人才。这些人才为中国革命的胜利，为社会主义的建设和发展，做出了重要的贡献。

第二，自力更生，艰苦奋斗。战争年代涟水中学的办学条件，广大群众和师生的生活条件，都是非常艰苦的。但大家并没有被这些困难吓倒，而是千方百计，发扬自力更生、不怕苦不怕难的精神，依靠党，依靠群众，依靠广大师生，群策群力，建校舍，编教材，认真教学，勤奋读书。越是艰难困苦，师生们战胜困难的斗志越是高昂，教书和学习的积极性越是高涨。艰难的环境和条件锻炼了大家自力更生、艰苦奋斗的精神。

第三，重视实践，联系实际，服务群众。战争年代涟水中学的教学内容，除了一些基础的科学知识外，还有不少密切结合当时阶级斗争和生产斗争实际的内容。老师们不但在课堂上传授书本知识，还常常带领同学参加土改、清匪反霸等阶级斗争实践，参加播种和收割等生产斗争实践，使教育同社会、同实践、同群众紧密结合，从而培养师生联系实际、联系群众、服务群众的精神，在实践中增长了知识和才干。

第四，尊师爱生，团结一致，教学相长。战争年代的涟水中学，既是培养人才的学校，也是和睦、乐观的革命大家庭。老师关爱学生，学生尊敬老师。老师不但教学生科学知识，教学生如何去获取科学知识，还教学生如何做人，如何为人民服务，并且为人师表，言传与身教统一。学生不但向老师请教学习上的问题，还愿意请老师帮助解决生活、家庭、思想上遇到的各种困难和问题。师生关系非常和睦、融洽，大家团结一致，去共同完成教和学的任务。师生间这种亲密团结的关系，把中华民族尊师爱生的优良传统提升到了一个新的境界与高度。

以上这些优良传统和精神，是一部很好的教材，值得认真地学习和总结，让后来人把它继承下来，并结合新的实际，发扬光大。

历史也是一曲抑扬顿挫而美妙壮丽的赞歌。涟水中学在历史发展中形成的许多优良传统，是值得大书特书、大加赞颂、大力弘扬的。为涟水中学的发展做过重要贡献的先辈们和他们的感人事迹，也是值得大加赞颂的。

不能忘记历史，忘记历史就意味着背叛；更不能否定历史，否定昨天必将失去明天。涟水中学的光荣历史，是一笔宝贵的财富。回顾这段历史，可以鉴古知今，资政育人，继往开来，与时俱进。

今非昔比。今天的涟水中学，已步入国家示范高中的行列，它的办学规模在不断扩大，教育质量在不断提高。我坚信，在党的教育方针指引下，涟水中学通过改革、发展和创新，会越办越好，成为全省知名、全国知名乃至世界知名的一流中学。

祝各位领导、各位老师、各位校友、各位同学健康愉快！

（2003 年 11 月 8 日于江苏省涟水中学）

★ 2004年5月，马绍孟与小学、中学同学于南京大学
（左起：周伟、苗菊生、马绍孟、马必良、马洪武）

10. 短暂的高中生活

新中国成立后，时局稳定，经济状况好转，人民生活逐渐得到改善。可是生产力水平低下，每逢灾年，农民生活依然受到影响。初中毕业后，我面临两个选择：第一个选择是上师范，学校可以供吃供住，并且不交学费，毕业后当小学教师，算是一条不错的出路。淮阴地区有所淮安师范，距离我家不到100里地，我们那儿的学生只要是读师范的，许多人都选择上这所学校。第二个选择是上高中，毕业后考大学。淮阴中学是我们当地规模较大的设有高中部的中学，如果想上高中就考这所学校。究竟读师范还是读高中，我一时拿不准，决定先参加考试再说。

我先到淮安师范参加了考试，接着又去报考淮阴高中。在淮阴高中考试期间，淮安师范的录取名单出来，就贴在淮阴中学教学楼前，我榜上有名。虽然被淮安师范录取了，但我还是继续将升高中的考试考完。

不久，淮阴高中的录取名单也公布了，我也榜上有名。两所学校如何抉择呢？我虽然家庭贫困，读师范可以解决很多现实困难，但还是想多学些知识，梦想今后能够进入大学深造。在母亲和家人的支持下，我最终决定到淮阴高中上学。

初中毕业要照毕业照。在此之前，我从未照过相，所以初中毕业证书上的照片，是我的第一张小照片，至今仍连同证书一起保留着。

我的初中毕业证书得以保存下来，首先要归功于我的母亲。我参军，然后抗美援朝，将近六年没有回过家，母亲一直将这张证书收藏着。可能因为用糨糊在家里土墙上张贴过以便于随时看到我的小照片，加上家里保存条件不好，经过受潮和虫子啃噬，原本用厚厚的道林纸彩印、像奖状一样的证书，变得很旧、很灰暗，四边很残破，上面有褶子和虫子咬过的残痕。我将其带到北京以后，虽经下乡劳动、参加农村社教运动、到“五七”干校等多次折腾和搬家，它一直同我的其他重要一点的证件、照片等被保存了下来，很有历史价值和纪念意义。2008 年涟水中学 80 周年校庆时，我将这张毕业证书彩印了一份复制件，很郑重地赠送给我的母校涟水中学，在校史室存放并展示。原件我仍珍藏着。

★ 1950 年，马绍孟的初中毕业照

1950 年暑假过后，我到了淮阴中学读高中。第一学期没有读完，全国就广泛开展了“抗美援朝、保家卫国”的爱国主义宣传教育，同时号召广大青年学生参加军事干部学校。我作为共青团员，又是热血青年，积极响应国家号召，报名参加了军干校。

我在高中的学习虽然不到一个学期，但许多事情仍旧给我留下深刻的印象。初中三年，我们受到战乱的影响，不断地迁移，学到的书本知识是很有限的。高中阶段，教育趋于正规，老师对学生各方面的要求也更加严格。数学课学的是三角函数，并补习平面几何，因为初中阶段未学过。我感到听数学课多少有点吃力，语文课问题不大。我的作文写得还可以，有一次以大舅徐国珍的牺牲为题材，写了一篇充满情感的作文，得到语文老师杨维英的好评。还有生物、音乐、体育等课程，我都认真努力地去学习，求知欲望很强。

我上淮阴中学后不久，就被选为校学生会文娱部副部长，参与组织学生文化娱乐方面的活动。部长是金洪珍，她初中时就是我的同班同学，比较活跃，有文艺才能，因多次演出《小放牛》，会唱会表演，会指挥大家唱歌，而受到同学们的称赞。1951 年初她也参加了军干校，后来被分配到北京公安干校，在北京工作了几十年，现已退休，安享晚年。我的兴趣、爱好比较广泛，二胡、笛子都能玩两下，但水平很低，没有接受过专门训练。当时淮阴中学校门外两边墙上非常醒目的宣传标语“抗美援朝、保家卫国”八个艺术大字是学校布置我写的。有一次，附近化工厂要出一期宣传抗美援朝的壁报，到淮中来请求帮忙，教导主任徐孟依老师派我去，我欣然同意，圆满地完成了任务。我虽然参加了一些业余活动，但并没有影响学习。

当时学校的办学条件较之新中国成立前有所改善。宿舍睡的是木地板通铺，下面垫着麦秆，被褥是自备的，家境贫寒带不了被褥的，只能将就着两人合盖一条被子。对困难学生，学校给点粮食补贴，以解决吃饭问题。我是被补助的学生之一。据说，学校至今还保存着我和一些困难同学被补助的历史记录。我的家人靠省吃俭用，卖鸡蛋和卖粮食换一点钱给我买书，非常不容易。冬天我穿着很乡土气的棉袍，棉裤的腰带用的是绳子，不少农村来的同学也都是这样。

农村青年见识不广，接触范围有限。在淮阴高中读书期间，我第一次看到了电灯。有一天晚上，在淮阴城南公园的礼堂，解放军放电影，人特别多，我挤进人群，踮着脚稀里糊涂看了一场，后来听说放的电影叫《斯大林格勒大血战》。进淮阴以后，看到不少楼房、商店，京杭大运河里有许多船只来往，很热闹，我当时的感觉真是土包子进城，大开眼界。

★ 2002 年 5 月，淮阴中学同窗和杨维英老师在天安门相聚（左起：杨太和、金洪珍、杨德珍、杨维英、马绍孟、李华亭、王平、张俊华）

高中时的老师对我们都不错，数学老师兼班主任张哲元、语文老师杨维英、教导主任左言清都给我留下深刻印象。我参加军干校后不久，徐孟依老师、左言清老师都专程到南京看望我们，带来学校老师和同学对入伍同学的关心和慰问，鼓励我们在军干校好好地学习与锻炼，成为一名合格的军人，为国奉献，为母校增光。后来我奔赴抗美援朝前线，依然同母校的老师和同学保持书信往来，汇报我的战斗生活，并得到他们高度热情的关心和鼓励，从而获得战胜一切困难的力量和勇气，去争取战争的胜利。

淮阴中学是我参加工作、走上革命道路的起点。我从这里走出去，步入了人生的第一次重要转折，即从一个农村走出来的普通中学生，成为一名光荣的革命军人，后来又成为抗美援朝战场上的志愿军战士、全

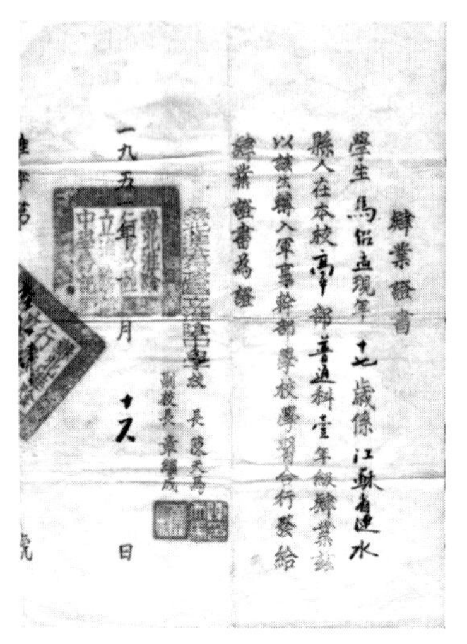
肄業證書
學生馬绍孟現年十七歲係江蘇省漣水縣人在本校高中部普通科壹年級肄業茲以該生轉入軍事幹部學校學習合行發給肄業證書為證
一九五一年一月

★ 1951 年 1 月，马绍孟的高中肄业证书

国人民心中“最可爱的人”。在中学阶段接受的教育，为我后来的发展进步奠定了非常重要的基础。我一直感恩中学老师对我们进行的多方面教育，特别是爱国主义和革命人生观教育。多年以后，2002 年淮阴中学 100 周年校庆时，我和在北京的部分校友，给母校捐赠了一块灵璧石，上面镌刻着“精英苑”几个字。2012 年淮阴中学 110 周年校庆时，我和在北京的部分校友，又给母校捐赠了一块大石头，正面镌刻着“思源”两个字，背面镌刻着“情系淮中”四个字，以表达广大校友饮水思源、不忘母校恩泽的深厚情意。这两块石头立于淮中的校园内，成为永久的纪念。我曾多次应邀参加淮阴中学的校庆活动，向母校师生和校友汇报我的奋斗历程，交流人生感悟，表达继承母校光荣传统、开创美好未来的心愿。

如今的淮阴中学，就其办学规模、教育质量、校园建设、社会影响等诸多方面来说，均已走在时代前列。今非昔比，淮阴中学作为示范高中，它的若干重要评估指标，在江苏省是名列前茅、数一数二的。它为国家培养了大批人才，每年都为国内一些顶级的著名高等学府输送许多优秀毕业生。有一些国内外有影响的专家、名流是从这里走出去的。说到这里，我们应该感谢那些爱岗敬业、默默无私奉献的老师，他们一代又一代地辛勤耕耘，以言传身教诠释与传承淮中的校训与传统，使之不断地开花结果。近些年我接触较多、堪称教育家的张元贵老师，近十多年连任数届淮中校长，在任期间，使淮中得到了跨越式的发展。张校长的勇于担当精神、开拓创新能力以及领导与管理水平，令人钦佩，得到社会的广泛认同和赞誉。

我常常因为没有读完淮阴高中而有些遗憾，这当然是当时特定历史因素造成的。令我感到意外和惊喜的是，2012 年淮中 110 周年校庆时，张元贵校长在庆祝大会上亲自为我颁发淮阴中学“毕业证书”(特一号)。这份特殊的毕业证书，虽然只具有象征性意义，但内涵丰富、深刻，体现了母校对学子们的关爱和激励，体现了“淮中以我为骄傲，我以淮中而自豪”的精神。我珍藏这份证书，更珍惜母校对我的厚爱、鼓励和期待。古人说：“吾生也有涯，而知也无涯。”我应当活到老，学到老，生命不停，奋斗不止，为国奉献，为民服务，为母校增光。

11. 出身和选择

1946 年秋天，苏北解放区进行土地改革，1947 年中期又进行土改复查。按照中央关于土改的政策，我家被划为地主，土地被没收，分给无地或少地的农民。同样根据政策，按土改时当地人均分得土地的标准，我家得到 20 多亩地。母亲是我们家的主要劳动力，耕种这么多土地，显然非常吃力。好在我尚未出嫁的姐姐能够帮助家里干一些农活，还有我的舅舅和堂舅，在农忙季节都会抽空到我家来帮忙，乡邻们也常常伸出援助之手。就这样年复一年，生活还是维持下来了。我是家庭中的唯一男性，全家人对我的未来都寄予厚望。不论家境如何困难，母亲和舅舅们都很坚定地倾力支持我上学读书，同时也尽可能地支持三姐和两个妹妹读书。1951 年我参军以后，三姐和四妹读到初中毕业，当了小学教师，五妹读到高中毕业，后来也参加了工作。我虽然出身于剥削阶级家庭，但从小就接受解放区的教育，家庭出身对我读书、入团、参军、上大学、入党以及后来的工作和发展进步并未带来多大的影响。家庭出身不是个人能够选择的，关键在于个人的表现。我选择了正确的道路，踏上了革命的征途。解放区的学校教育，舅舅和母亲的支持与影响，军旅生涯的严格锻炼和生死考验，特别是党的长期培养教育以及各种实践锻炼，是我成长进步过程中一些非常重要的积极因素和动力。在中学阶段，我是一个好学上进的青年，初步地确立了爱国为民的人生价值取向，将个人的发展进步纳入整个社会和国家发展进步的轨道。后来的征程不算平坦，一路走来，说不上有什么重要的贡献和建树，但还是尽到了自己的努力和责任，没有辜负父母的养育、家人的期待，尤其是党和人民的培养与重托。实践是最好的老师，历史是有力的见证。

第二章 光荣参军

1. 报名参加军干校

1950年夏天，美国悍然发动侵朝战争，把侵略魔爪一直向北延伸，将战火燃烧到鸭绿江两岸，还派军舰入侵台湾海峡，使新中国的安全受到了严重威胁。毛主席和党中央经过反复讨论，周密思考，决定出兵朝鲜，抗击美帝国主义的侵略。中央发出“抗美援朝、保家卫国”的伟大号召后，全国上下热烈响应，坚决支持党中央的伟大决策。学校普遍开展爱国主义和国际主义教育，广大青年学生热血沸腾。中国自古就有“国家兴亡，匹夫有责”的思想传统，我作为中国新民主主义青年团团员，也感到自身责任重大。

为适应抗美援朝、保家卫国的形势需要，国内各野战军和各兵种都需要大量补充兵员，尤其是需要补充有文化的知识青年入伍，来加强部队建设。动员广大适龄青年学生参军，尤其是报名参加军干校，成为全国各地各学校的一项重大任务。学校动员学生参军，在年龄、政治素质、身体素质等方面是有一些条件和要求的，并非所有的学生都符合参军条件。例如，考虑到战争的残酷性、危险性，家里是独子的原则上不鼓励当兵，兄弟两三个才可以去一个。我是家中唯一男性，不参军是可以的，可我一再要求，态度坚决，学校最终还是同意了，我成为第二批被批准参加军干校的学生。其实，第一批和第二批相距的时间很短，基本上是一起被分配到部队去的。

★ 1951年1月，淮阴中学第二批参加军干校同学于淮阴市（前排左二马绍孟，左四左言清老师）

参加军干校，我并没有和家人商量，来不及征得他们的同意。淮阴中学距离我家约有110里的路程，交通极为不便，回家需要步行。这次因为时间紧迫，我没有回家，母亲及其他家人并不知道我参军的事情。

像我这样一个刚满16周岁的青年中学生，为什么如此积极报名，坚决要求参加军干校呢？这是有一定的思想和政治基础的。我从小学阶段就开始接受共产党的教育，全面抗战开始以后，我的家乡属于苏北抗日游击区和抗日根据地，农村的基层政权基本上掌握在共产党的手中，我就是在这样的环境中成长起来的。在学校教育中，我学习了一些政治常识，接触了当时的社会现实，逐步认识到中国共产党领导的抗日战争、解放战争的伟大意义，培养了爱国主义的情怀，并初步树立了为人民服务的观念，以及为中国人民解放事业贡献力量的志向。1949年7月，我加入中国新民主主义青年团后，进一步接受党的培养教育，为参加革命工作奠定了较好的思想基础。

另外，我周围有很多同学，年纪大一点的，在上初中的时候就参加了工作。那时处在解放战争阶段，他们适应形势需要，听从组织分配，不计较个人得失，以大局为重，这让我十分钦佩。高中阶段，很多同学也都积极要求参军，这种大的氛围，对我是一种很好的鞭策和激励。

学校批准我参加军干校后，我和参军的同学从淮阴中学出发，坐船沿京杭大运河到扬州集中，住在扬州中学，等待部队来接收。至于要分到哪个部队，所有参加军干校的同学都不知道。后来，有人被分到北京公安干校，如金洪珍、汪信奇等；有人被分到南京海军学校，如马洪武、陈云峰等；我和桑友仁等被分到南京防空通讯学校。我们都是部队派人来接的。当踏上开往南京的轮船时，我首次看到奔腾不息的万里长江，心潮起伏，无比激动，对即将开始的军旅生涯充满美好的憧憬，也准备迎接各种困难和挑战，经受各种风浪和考验。

2. 母亲的牵挂

1951 年 1 月 14 日，我正式入伍，参加革命工作。在南京，我们住在玄武湖解放门旁、鸡鸣寺下面的西家大塘。在国民党时期，那里盖了一栋科学大楼，背靠玄武湖边的城墙，我们就住在科学大楼里面。科学大楼侧面是一个操场，我们经常在那里进行训练。按照部队的编制，我们被编成班、排、连。班长及以上的干部都是部队的老兵。当我穿戴上配有“八一”五星帽徽和“中国人民解放军”胸牌的军服时，非常高兴，很有自豪感。

★ 1951 年 2 月，马绍孟入伍后于南京

刚进入部队时间不长，母亲就来南京探望我。离家参军时，我没有征得家人的

同意，也没有回家，只写了一封信，向家人报告我报名参加军干校的情况，表达我对母亲养育之恩的感激之情，对姐妹们的恋恋不舍，同时也说明报名参军、报效祖国是当代有为青年的正确选择，希望得到亲人们的支持和鼓励。母亲知道信的内容后非常紧张和意外，全家人简直乱了方寸，不知如何是好。我长这么大从未远离过家人，她们生怕我这个家中独子参军后上前线打仗会遇到危险。冷静下来以后，母亲还是决定到南京来看我。她先步行到淮阴，又从淮阴坐小木船沿着运河到了扬州，又从扬州坐轮船到达南京，一路饱受辛苦。由于家庭困难，无力承担往返路费，母亲随身背了若干斤晒干的黄花菜，想把它变卖掉筹一点钱作为回程的路费。

母亲来部队后，部队领导耐心做她的思想工作，告诉她参加解放军、为国做奉献是件很光荣的事情。我也认真地劝说母亲。母亲很通情达理，看到部队的生活条件不错，领导对我很关心，又可以学习知识，也就基本上消除了顾虑。一个多星期后，部队收下了母亲带来的黄花菜，给了路费，母亲便放心地回家了。

★ 1951年初，入伍后，母亲到南京部队看望马绍孟

后来，家人知道我入朝参战的消息又紧张起来，但母亲还是比较开通的，大势所趋，她慢慢地能够想清楚其中的道理。她和我的姐姐们商量，舍不得也得舍得了。给我来信时，母亲总是鼓励我，让我好好完成作战任务，保护好身体，争取战争胜利，早日回国。1954年，知道我平安回国，全家人都非常高兴。从参军到离开部队，我有5年又7个月没有回家。在我当兵期间，家里享受军属待遇，不少农活是地方政府派人帮助干的，减轻了母亲不少的负担。

不仅是母亲，学校老师对参军的同学也很关心。刚入伍不久，淮阴中学教导主任左言清老师就代表母校到南京部队看望我们，向大家问长问短，问寒问暖，令人感动。我初中阶段所在的涟水中学孙大梨园分校，后来合并到高沟分校，专门油印《校友通讯》，交流参军的校友在部队的情况，寄托学校广大师生对入伍校友的关切与厚望，给我们以很大的激励和鼓舞。现在回想起来，中学阶段是广大青年求知欲望强烈，世界观、人生观和价值观开始塑造的重要阶段，对学生进行爱国主义、集体主义、社会主义、为人民服务的思想政治教育，时间虽然不长，只有几年工夫，但其影响却是长久的、终身的。

★ 1951 年夏，淮阴中学左言清老师到南京部队看望淮中参加军干校的学生（前排右一左言清，右二马绍孟，后排右一陈学东）

3. 军校教育

参加军干校后，部队非常认真负责，有计划地对我们进行入伍教育。入伍教育的主要目的是让我们初步地认识和掌握如何做一名合格的革命军人。思想政治教育摆在入伍教育的首位，其主要内容包括以下几个方面：一是形势教育，即向我们讲述当前国际和国内的形势。中华人民共和国已经成立，解放战争已取得了决定性的胜利，军队正在大西南剿匪，台湾尚未解放，未来的任务仍很艰巨。国家已开始恢复和发展经济，整个国内形势逐步好转起来。至于国际形势，世界并不安宁，美帝国主义妄图称霸世界，发动侵朝战争，对世界和平、对中国的领土安全，构成了极大威胁，我们必须进行抗美援朝、保家卫国的伟大斗争，必须加强国防建设，保卫革命胜利成果，等等。

二是军队的性质和宗旨教育。中国人民解放军是中国共产党领导的一支人民的军队，是一个执行革命的政治任务的武装集团，它的任务完全是为着解放人民的，是彻底地为人民的利益工作的。“全心全意为人民服务”是中国人民解放军的唯一宗旨。部队是人民的子弟兵，是穿上军装的老百姓，军人要时时刻刻把国家和人民的利益放在首位。

三是优良传统教育。解放军的优良传统很多，如听党指挥、热爱祖国、服务人民、团结一致、纪律严明、英勇善战、不怕牺牲等等。毛泽东为中国工农红军制定的纪律准则“三大纪律、八项注意”，就是我军的一个优良传统，是人民军队能够得到人民拥护、不断发展壮大、立于不败之地的重要法宝。革命军人要把这些优良传统长期地坚持和发扬下去。

进行思想政治教育，对于初次参军入伍的青年学生起到了很大的作用。它帮助我们树立正确的世界观、人生观、价值观，树立为实现中国人民的解放事业、保卫革命的胜利成果、保卫国家和人民的安全而奋斗和献身的精神。

除了思想政治教育，我们还要进行三大条令的教育训练。三大条令指《内务条令》《纪律条令》《队列条令》。

这三大条令是我军建设的法规和军队管理的基本依据，体现了党和国家的战略方针、建军思想、作战原则，概括了我军建设的基本经验，反映了我军一般军事活动的客观规律，是我军建设的章程和基石。

《内务条令》根据我军的性质和宗旨，明确规定了军人的职责，并对维护军队良好的内外关系（包括官兵关系、军民关系、军政关系等），建立正规的备战、训练、工作、生活等内务秩序，培养优良的军容风纪等，做出了一系列具体的规定和要求。

《纪律条令》是维护军队纪律、实施奖惩的基本依据，以利于确保我军高度集中统一，加强革命化、现代化、正规化建设。执行"三大纪律、八项注意"，是我军纪律的一项基本内容。

《队列条令》规范了我军的队列动作、队列队形和队列指挥，是我军队列生活的准则和队列训练的基本依据。我军通过队列训练，保持整齐划一和正规严格的队列生活，使全体军人养成良好的军姿、严整的军容、过硬的作风、严格的纪律性和协调一致的动作，从而促进军队的正规化建设，巩固和提高军队的战斗力。

可以看出，三大条令教育训练和思想政治教育训练是密切联系、互相促进的。三大条令之中无疑渗透有思想政治教育的内容。我们这些新入伍的青年学生，穿上军装以后，就不像普通老百姓那样比较自由随便了，一切行动都得受三大条令的约束，按三大条令来规范自己的言行举止、生活起居。

每天早晨，起床军号一响，大家就得立刻起床，迅速穿好军装，尽快方便一下，跑步到室外集合。班长带领一班人到操场，全连整队，集体出早操。先跑步，再进行队列训练。立正、稍息、左转、右转、齐步、正步等等，一个动作一个动作地练，一丝不苟。出过几身汗水以后，旭日才从东方冉冉升起。有时也学习军体拳操，或打打篮球。早操期间，每班轮流有一名学员做值日生，负责整理内务，打扫卫生，叠好被子。每条被子叠得像个豆腐块，有棱有角，整齐划一。所有的衣物、洗漱用具也都摆放整齐。一天三顿饭得先整队唱歌，然后按班围成一圈就餐，或在室内，或在室外，条件简陋，没有专门的餐厅。白天上、下午的时间，每人带上马扎集合，坐在楼门内的大厅里上大课，或在操场上训练队列动作，或以班为单位在宿舍里组织讨论。晚上多为自由活动时间，偶尔在操场上集体观看电影。周日一般不统一安排活动，但外出必须请假，并按时归队销假，不得在外面留宿。连队还开展一些文化、体育活动，如办黑板报，训练课余教唱革命歌曲，组织球类比赛，等等。军干校的生活可以说是团结、紧张、严肃、活泼，丰富多彩。

上面这些入伍教育和训练，为培养我们成为合格的革命军人开了一个头，奠定了一个很好的基础。防空通讯学校主要培养机要通讯人员，入伍教育结束后才能开始专业培训。我们学校的干部从班长、排长到连长，不少人是从部队专业岗位上抽调来的。班长的年纪跟我们差不多，不过是早当了几年兵。有的连长、排长是高中生、初中生，算是小知识分子。这些战争年代参军的班、排、连、营干部，文化层次不一定高，但他们身上保有革命军人的优良作风和品格。他们通过自己的言行，给我们很多教育，让我们认识到，中国人民解放军的确是一支纪律严明、政治素质高、有战斗力的队伍。这支队伍能接连取得胜利，与它本身的素质是密不可分的。

★ 1951 年夏，马绍孟同小学、中学的同学，参干到南京海军学校的马洪武（右）于玄武湖

4. 通讯科文书

入伍训练6个月后，对三大条令还没有完全消化吸收，我便被调到华东军区防空司令部南京防空指挥所通讯科，因为通讯科需要一名文书。与我一起训练的学员大部分到上海学习业务去了，我还没有学习到专业的电报业务，就调到机关。为什么会有这样的安排呢？或许是因为我在通讯训练队训练、学习期间，有时会写板报，领导看到我的字写得比较好，就调我到通讯科当文书了。当年的人事调动比较容易，我的组织纪律观念很强，又是农村来的，思想单纯，一切服从命令听指挥，二话没说就到通讯科当起了文书。另有几位学员被调到指挥所其他科室工作。

我在通讯科当文书，主要是协助书记（文书和书记都是一种行政职务）工作，配合书记管理文件，抄写东西。通讯科科长是团级干部，姓赵。每天我都要把电话内容和通讯科里发生的一些事情记录下来，傍晚下班前送给科长审阅。赵科长会在记录本上面签字、批示，有什么问题和指示及时告诉我们。赵科长对我们这些新来的青年非常关心，他待人和蔼可亲，有时候找我们随便聊天，没有官架子，体现了我们部队的优良传统，官兵一致，军民一致。后来，赵科长调到南京高射炮团当政委去了，我曾利用节假日去看望过他。

通讯科除了赵科长外，还有梁参谋、张书记等。张书记名叫张政友，他一直把我当成小弟弟一样对待。有一次，我给办公室打水，不小心把暖瓶胆摔碎了，当时我很紧张，悄悄跑到街上买了一个暖瓶胆换上。我不经意间将这件事跟科里的一位打扫卫生的通讯员说了。他把事情汇报给了张书记，张书记在办公室告诉了赵科长。赵科长表扬了我的做法，但又说，文书一个月才发几块钱的津贴，买暖瓶胆的钱不要自己出，科里给报。后来，单位给我报了几毛钱的暖瓶胆钱。这件事说明：经过部队的教育，我努力按照公私分明的要求去做，不小心损坏公家的东西，能够勇于承担赔偿的责任。

1951 年底，部队经过“三反”“五反”运动后，对机关进行调整。我于 1952 年春接到命令，调到南京防空指挥所标图班工作。

5. 防空指挥所标图员

南京防空指挥所机关主要设在原国民党时期总统府后面的社会部大院内，其任务是负责指挥和协调南京市及周边地区的防空任务，归华东防空司令部管辖。1952 年 3 月，我到指挥所标图班当标图员。往后几年，我在部队基本上都从事这项工作。

对我而言，标图是一份全新的工作，完全区别于通讯科的文书工作。我记得，指挥所大楼里有一间不小的指挥室，在一张大指挥台上面铺有南京市及周边地区的大地图，整个山川水脉、交通道路、大型建筑等主要地理标志以及重要战略目标和我防空部队的部署位置都标注在图上。看得多了，这些东西基本上都记在了我们脑子里。防空，主要是为了对付敌人的空袭。敌机来了，指挥员指挥空军歼击机、高射炮部队和探照灯部队对其进行打击。标图员的任务是根据雷达提供的信息，将飞机飞行的情况标在地图上，便于指挥员判断，下达作战命令。南京当时还没有探照灯部队，只有歼击机和高射炮部队。

标图主要分为两种情况：一是中远距离的，图挂在墙上，标图员将中远距离雷达站以无线或有线方式传输来的敌机与我机飞行情况，用彩笔标示在有纵横坐标的地图上，并随时插上彩色小飞机，通常红色代表我方，蓝色代表敌方，还标注时间（时、分），每架飞机均有编号，一目了然。二是近距离的，从敌机即将进入我防区的打击范围开始标注。通常，标图员一手持电话，另一手持彩笔，根据近距离雷达站发现的目标情况，即由基层指挥员或战斗员直接报上来目标的机型、方位、距离、高度等，立刻将信息标注在指挥台的地图上，并将战况报告给指挥员，同时，及时准确地传达指挥员的作战指令。这些动作，都是以分、秒计算的，要将分、秒和目标行进的箭头同时标注在图上。演练时，指挥室的气氛高度紧张而有序，指战员的情绪随战斗情况而变化起伏。全体官兵按照实战要求，按照能打仗、打胜仗的要求，抓紧苦练过硬本领，力争平时多流汗，战时少流血。

1952 年 6 月，我们接到上级命令，指挥所标图班要随上海探照灯第 421 团 7 连入朝参战。我们接受部队的教育，懂得服从命令是军人的天职，党指向哪里，我们就打到哪里。当兵不就是为了保家卫国嘛，能够有机会到朝鲜战场去打击美国侵略者，保卫国家，捍卫和平，是一个无比神圣而光荣的任务。

6. 探照灯部队

探照灯部队是我军新的技术兵种，成立于1950年8月，属于防空军。探照灯这种光学武器，利用强光束照射敌人的飞机、空降兵等空中目标，为我歼击机、高射炮等防空武器创造更为有利的射击条件。探照灯被广泛应用于第二次世界大战，除了配合歼击机和高射炮的夜间作战外，还可以配合陆军进行夜间进攻战、防御战。苏联在卫国战争中利用探照灯配合空军打飞机，配合陆军打坦克，都创造了非常辉煌的战绩，让敌人闻风丧胆。

第二次世界大战后期，雷达被引入探照灯装备，使探照灯能更及时地发现目标的距离和方位，跟踪空中目标的准确性进一步提高。因此，探照灯分为雷达探照灯和跟踪探照灯两种。雷达探照灯上装有雷达，可准确定位目标的方向、高度和远近，然后与跟踪探照灯共同照中目标，最后由歼击机或高射炮对准目标开火，完成打击过程。

我军成立探照灯部队，源于几起惨案。新中国成立后，由于中国人民解放军缺乏空中防御能力，溃败到台湾的国民党军队屡屡出动飞机侵犯大陆。1950年2月6日，国民党空军从台湾出动各式飞机17架，其中B-24型12架、B-25型2架、P-51型2架、P-38型1架，分四批轮番轰炸上海电力公司杨树浦发电厂等地，共投弹60余枚，炸死炸伤居民1 400余人，炸毁房屋2 000余间。发电厂遭受严重破坏，发电量骤降，工厂大部分停产，这就是国民党制造的“二六”惨案。3月3日，国民党空军再次出动飞机23架，对广州、柳州、贵阳、武汉等地同时轰炸，炸毁房屋170余间、船只百余艘，伤亡800余人。3月28日，国民党空军又出动3架飞机，轰炸南京下关电厂。虽然遭投弹24枚，但电厂损失不大，仅被炸毁电厂锅炉房一角。

国民党空军之所以能够如此肆无忌惮地对大陆进行空袭，一个重要的原因就在于我军的防空力量薄弱，晚上没有探照灯，敌机来了，高射炮发挥不了应有的作用。自上海“二六”惨案后，为了加强上海、北京、广州、天津等大城市的防空力量，我国政府迅速同苏联政府协商，由苏联派遣混合集团军来华协助防空。来华的苏联军队有空军、高射炮兵和探照灯兵。

1950年3月上旬，苏军探照灯团到达上海，很快制定了空军、高射炮兵、探照灯兵协同作战的计划。3月14日，苏联高射炮兵在探照灯兵的配合下首次击落国民党空军飞机1架；5月11日，两个兵种再次配合，击落国民党空军飞机5架。自此，上海的防空弱势扭转了，迫使国民党空军停止对上海等地的轰炸。

苏联探照灯兵种的威慑力和防御能力引起了我军高层的高度重视。我军也要建立探照灯兵种成为部队各级领导的共识。1950年7月，根据中央军委的命令和华东军区陈毅司令员的指示，上海探照灯团筹备小组成立了。经过一段紧张的工作，从当时华东军政大学的学员中抽调了七八百人，又从上海警备司令部以及应届的大学毕业生里抽调了一些骨干，共计约1 100人，组成了我军的第一个探照灯团，于1950年8月10日举行大会，宣布正式成立。

上海探照灯团是在苏军探照灯团的指导和帮助下建立起来的，装备也基本上是由苏联援助的。1950年11月19日，上海探照灯团正式接收苏军探照灯团的全部装备，并举行了隆重的交接仪式，担负起上海的防空任务。上海探照灯团后来改名为探照灯第421团。我们南京防空指挥所标图班就是随探照灯第421团7连入朝参战的。上海探照灯团成立后，北京、东北、广州等地又先后建立了探照灯部队。

7. 抗美援朝

1950年6月25日，朝鲜内战爆发。金日成指挥的朝鲜人民军以很快的速度向南推进。南朝鲜的军队没有多大战斗力，节节败退。6月27日，杜鲁门命令美军驻太平洋第七舰队侵入台湾海峡，阻挠中国人民解放台湾。7月7日，美国操纵联合国安理会非法通过决议，纠集以美国为首的16个国家组织“联合国军”，武装入侵朝鲜。

中国政府对此立即做出反应，毛泽东和周恩来于1950年6月28日和9月30日分别发表讲话和声明，强烈谴责美国的侵略行径，号召全国和全世界人民团结起来，进行充分准备，打败美帝国主义的任何挑衅。

以美国为首的“联合国军”于9月15日，从朝鲜西海岸仁川登陆，使朝鲜战局发生急剧变化；28日又攻占汉城，截断朝鲜人民军南进部队的后路；29日进抵三八线，并叫嚣要在“三八线以北进行军事行动”。中国政府对美国进一步扩大战火的企图多次发出警告，可是侵略者充耳不闻。“联合国军”于10月7日悍然越过三八线，19日占领平壤，进而把战火燃烧到鸭绿江边，轰炸中国丹东市区，炮击中国领土。中国的安全受到严重威胁。

10月1日和3日，朝鲜劳动党金日成等领导人两次派人送信给毛泽东，请求中国出兵援助朝鲜。面对如此严峻形势，10月2日到5日，中共中央连续召开会议，深刻揭露美帝国主义扩大侵朝战争的罪恶目的，充分认识中朝两国人民唇亡齿寒的密切关系，全面分析中国出兵参战的利弊得失。10月8日，中央军委主席毛泽东签署和发布命令，组建中国人民志愿军（以东北边防军为基础），任命彭德怀为司令员兼政治委员。10月19日，中国人民志愿军雄赳赳气昂昂跨过鸭绿江，同以美国为首打着“联合国军”招牌的侵略军进行了一场殊死的较量。

美军对入朝志愿军的情报掌握和估计并不准确，尤其低估了志愿军的实力，低估了志愿军敢打敢拼、不怕牺牲、英勇顽强的战斗精神和机动灵活的战略战术。他们狂妄地放胆分兵冒进，认为志愿军入朝参战“不足为患”。我军针对这一情况，采取在运动中各个歼灭敌人的正确方针，经过两次大的战役，给疯狂的侵略者以重创，截至12月24日，将“联合国军”全部赶回到三八线以南，从根本上扭转了朝鲜战局。后来又经过三次大的战役，将战线稳定在三八线附近，使战争进入相持阶段。此后，我军采取了“持久作战、积极防御”的战略方针。

中国人民志愿军入朝后经过五次战役，打出了国威和军威，打击了“联合国军”极端狂妄、不可一世的嚣张气焰。美国政府意识到，打到鸭绿江边迅速结束朝鲜战争已毫无希望，于是迫不得已接受苏联驻联合国代表马立克的建议，举行停战谈判。自1951年7月10日交战双方在开城板门店坐下来开始谈判以后，战局出现了时谈时打、边谈边打、打谈交错的局面。敌方经常对我方发动攻势，向我方施加压力，以增加谈判桌上的筹码。我方针锋相对，通过积极防御，主动出击，坚决反击敌人的一切攻势，使美国人在谈判桌上得不到的东西也休想在战场上得到。

需要指出的是，以美国为首的“联合国军”在参战后，是占有一定“空中优势”的。在停战谈判期间，敌方不甘心在前五次战役中的败绩，倚仗其“空中优势”，于1951年底开始进行所谓“空中绞杀战”，每天出动上千架次飞机，对我方的战略目标如铁路、公路、桥梁等狂轰滥炸，一度使我军白天的交通运输处于停顿状态。我方调集大量高射炮兵参战，使敌人的每次空袭都要付出代价。敌机飞行员的伤亡及被俘逐步增多，这对敌人的打击是很大的。为减少损失，敌机加强了夜间的空袭、轰炸，特别是对纵深目标铁路桥梁进行“饱和式”轰炸，即每隔数天，当被炸坏的桥梁已经或将要修复时，便进行再次袭击。这不但使我铁道兵、工程兵疲于连续抢修，而且严重威胁我军前方部队武器、弹药、食品、服装的补给，以及人员的补充、调动和伤病员的撤离与救治。

在这种情况下，我方不断加强夜间防空力量是势在必行的。上海探照灯第421团6连和7连分别于1952年4月和6月奉命赴朝参战，配合兄弟部队，配合空军歼击机和高射炮部队，保卫我军的钢铁运输线和其他重要战略目标，这是根据当时抗美援朝战局需要而做出的一个重要部署。

1952年6月底，探照灯第421团7连指战员从上海到了南京，与我们标图班会合后从南京乘火车出发，赴朝作战。每一部探照灯至少需要两辆汽车运输，其中一辆汽车拉人，另一辆拉灯。拉灯的汽车同时带有发电机，战时为探照灯供电。出发之前，我们连召开了动员大会。这个动员大会至今想起来仍然十分激动人心。大会首先介绍朝鲜战场的情况，揭露美帝国主义的罪行，宣传党中央关于抗美援朝、保家卫国的重大战略决策。大会要求赴朝战士发扬我军爱国主义、革命英雄主义、敢打敢拼、不怕牺牲的精神。大家纷纷表决心，喊口号，群情激奋，热血沸腾，每个战士的革命斗志和爱国热情都被充分地调动起来了。我也不例外，觉得为了保家卫国、捍卫和平，能够上前线去狠狠地打击以美帝国主义为首的侵略军，是极为光荣而骄傲的事情，即使流血牺牲，也在所不惜。

会后，我们做了各种准备，把原来佩戴的中国人民解放军胸牌、八一帽徽都摘了下来，以中国人民志愿军的身份出国参战。这样，在名义上就不能视为国家之间的全面交战了。

★ 1952年6月，马绍孟取下中国人民解放军的帽徽和胸牌，即将以中国人民志愿军的身份赴朝参战

第三章 朝鲜战场

1. 入朝

上海探照灯第421团6连先于7连两个月，于1952年4月24日从上海乘火车出发，4月29日跨过了鸭绿江。我们7连于6月底7月初乘火车从南京到达丹东。在丹东稍做休整，准备进入朝鲜。进入朝鲜必须经过的鸭绿江上的公路大桥，被美军炸毁后几经重修。该桥不远处就是被美国飞机炸毁的铁路大桥。过江的火车要经过另一处临时架设的浮桥。我们探照灯兵是机械化部队，全由汽车运输。7月5日那天，趁着敌机没来，我们一个连的部队很快地通过公路大桥进入朝鲜境内。

★ 1953年6月，马绍孟因公于辽宁丹东市出差

在辽宁丹东市隔鸭绿江望去，对岸是朝鲜城市新义州。我们跨过鸭绿江路经新义州时，第一眼看到的就是这座城市到处都是残垣断壁，一片废墟，没有一幢完整的房子。新义州几乎被炸平了。穷凶极恶的美国侵略者真是疯狂极了。我们的目的地在朝鲜清川江安州一带，主要任务是保卫清川江和大宁江上的铁路大桥。

当部队到达新安州附近时，我们看到阵地前的公路两边全是弹坑，一些上了年纪的朝鲜老百姓在抢修公路，填埋弹坑。当时朝鲜的年轻男儿大多数上了前线，后方的不少劳动只能让老人和妇女参加了，整个场面十分震撼人心。看到这些，我们真切感受到美帝国主义在朝鲜犯下的罪行，更加激发了广大指战员同美国侵略军作战的斗志。

到达目的地后，我们最初住在朝鲜老百姓家里。连指挥所设在山坡上，凿挖出一个约 2 米深的坑，面积有 20~30 平方米，上面用木头、帆布、树枝等掩蔽起来，里面布置一套必需的指挥台、地图和有线及无线通信设备。有线电话线路由指挥排电话班的战士负责铺设到各个排（雷达灯站所在地）。我们 6 连和 7 连两个连队并肩作战，成立了探照灯营。原属东北防空部队的一个探照灯连就布防在附近，划归我们营指挥。那时，我们的通信处写的是中国人民志愿军安东防空区前线指挥部独立探照灯营，简称“中国人民志愿军独立探照灯营”。

在志愿军的探照灯部队中，我们位于最前线，再往南推进，就没有探照灯部队了。当时苏联空军和防空军也有少部分力量参战，他们不打苏联的标识和旗号，有的还不穿苏联军装，基地多设在中国境内。大约从 1953 年起，在位于新安州的一个联合指挥所中，中国人民志愿军空军、防空军和苏联空军的作战指挥人员联合指挥作战，互通信息，以免苏军飞机参战时被误伤的情况发生。我探照灯营每天晚上都派人员去联合指挥所值班，该值班人员同营指挥所有专线联络，及时通报情况，并服从前线指挥部联合指挥所的统一指挥。

从 1952 年 7 月入朝到 1954 年 1 月回国，大部分时间我们基本上都布防在安州附近，保卫清川江和大宁江上的铁路、公路桥梁。部队根据情况变化也不断地做小幅度的转移和调整，机动作战。中间有段时间，我连往南推进到顺川附近，但因交通问题有的武器装备难以运送到位，便很快撤回来了。

★ 1953 年 7 月，马绍孟于朝鲜安州部队驻地

2. 在战争中学习战争

探照灯部队成立时间晚，缺少实战锻炼，没有成熟的技术人才。每个连只有几个负责维修的技术员是上过大学的，大多数战士文化层次不高，中学生居多，大家并没有经过严格而系统的技战术训练，加上所使用的武器比较老旧，多数是苏军二战期间使用过的，其中有小部分雷达灯是二战时期英国支援苏联的，因此，在照射目标的精准性上不是很理想。特别在入朝作战初期，我们因为初次来到山地作战，不熟悉地形地貌，又没有实战经验，在敌机来轰炸时，出现过找不准敌机位置，掌握不住有利时机而“照空灯”的现象。所谓“照空灯”，就是数只探照灯把夜空照亮，却没有照到敌机，敌人比较顺利地投下炸弹，我保卫的目

标遭到了破坏。出现这种情况，我们心里很憋气，防空前线指挥部的领导同志也很恼火，把我们的营、连指挥员叫过去开会，要求好好总结教训，加强训练，迅速提高本领。

吃一堑，长一智。连长带领我们认真总结经验教训，从技术战术的每一个具体步骤和环节上查找问题，研究对策，并抓紧作战空隙时间反复演练。每打一仗，我们都认真总结一次、提高一步。这样，我们的技战术水平不断进步，敌机进入我防区后，我们的照中率大大提高，从而使高射炮和歼击机能够在夜间更好地发挥威力。有关资料统计：我们的探照灯通过直接照射致使 4 架敌机坠落；探照灯照中后，航空兵和高射炮兵击落敌机 98 架，击伤 27 架。这个战果是非常不错的。

当年高射炮打击目标的准确度很有限，因为本身没有精确的跟踪设备。我军当时使用的高射炮，根据口径大小分为 85 炮和 37 炮，另外还有高射机枪。85 口径炮能打击高度在 1 万米左右的目标，根据武器的老化程度，打击距离多少会受到些影响；对中、低空目标，大多使用 37 口径炮；低空和超低空目标则使用高射机枪。

几个防空兵种在晚上协同作战，场面很壮观，也很惊心动魄。敌机来袭，我远程雷达跟踪并预报，各防空兵逐步进入临战状态。敌机进入我防区后，探照灯首先开灯，数支银光柱在天空交叉晃动，照中敌机后，紧紧锁住不放，然后高射炮或歼击机向目标发起攻击。85 炮打击目标时，炮弹在空中一声巨响，有亮光闪过，像天上开花一样，并伴有一团烟雾；37 炮的炮弹出膛后像一串一串的火球冲上天；高射机枪连续射击，出膛的子弹像从枪口往外喷撒银豆一般。目标被击中后，或在空中爆炸，或冒出烟火栽向地面、山丘。每看到这种场面，真让人感到爽，感到过瘾，我军官兵会情不自禁地发出胜利的欢呼声。不过由于武器装备的先进性不高，有时打几十发，甚至上百发炮弹才能击中一架敌机。没有被击中的敌机，会将数吨的炸弹投向我保卫的目标，虽然命中率也有限，但给我交通运输线造成的破坏是很厉害的，甚至带来人员伤亡。我铁道兵、工程兵经常要冒着生命危险，抢修被敌机炸毁的交通设施。

战争是综合国力的较量，无疑是要花钱的。仅一发 85 口径高射炮弹就差不多值一两黄金。很多士兵出身于农村，掂量着一发炮弹值一头黄牛。在新中国经济建设刚刚起步之时，我们投入如此大的人力和财力进行抗美援朝战争，非常不容易。如果说防空军多兵种在夜间协同作战，打击敌人，像放烟火一样壮观，那么，在这“烟花般灿烂”的背后，是无尽的物资消耗，是严酷的生死较量。虽说苏联给了不少武器支援，但不是白给的，最后我国都支付了同等的价钱，尤其是在 1960 年左右，在国家经济非常困难的情况下，我们仍旧一分钱没少地偿还了这笔“债务”。

我们探照灯 7 连下设有四个排，每个排有一个雷达灯、三个跟踪灯，每个探照灯的兵员编制为一个班。随着战争的发展，我们不断地总结经验，提高作战水平，仗越打越漂亮，迫使敌军在进行轰炸时不得不有所顾忌。由于我们的探照灯对敌机造成了巨大的威胁，美军有时派出飞机专门攻击探照灯。为了保卫探照灯，每个雷达灯配置一个排的高射机枪保护。否则，如果敌人攻击，探照灯本身是没有自卫能力的。但敌人并不甘心，总是想方设法地对我们发动攻击。战争就是如此，敌我双方都想方设法消灭对手。虽然我们有战果，但也有损失。我们独立探照灯营 10 连的指挥所曾遭敌机攻击，投弹命中，当场有 11 位同志牺牲，其中包括一位连级干部。6 连和 7 连在朝鲜战争中也有不同程度的牺牲，人数不多。烈士们为援朝卫国捐躯，为捍卫和平献身，长眠于朝鲜的土地上，他们的精神永存，他们的英名永远载入我军防空兵的史册，祖国人民永远怀念他们。

3. 奇迹——照落敌机

随着我探照灯部队在实战中技战术水平的不断提高，我们在作战过程中曾创造了战争史上的奇迹，即直接用探照灯将敌机照落下来，使敌人机毁人亡。事情的经过是这样的：

1953年3月15日22时22分，美军航空兵F-80C型战斗轰炸机一架，以4 000米高度入侵朝鲜安州，企图袭击清川江大桥。我志愿军独立探照灯营7连，采取精湛战法，在敌机逼近6 000米时，突然开灯将其照中，跟踪不放，通过交叉照射、迎头照射，数支光柱紧紧锁住高度急剧下降的敌机。美军飞行员在强烈光束的照射下乱了方寸，晕头转向，只顾逃命，看不清仪表，致使飞机失去控制，一头撞向地面，机毁人亡。另一次是发生在1953年4月12日19时35分，美军航空兵F-84型战斗轰炸机（外号叫“油挑子”，因机翼两端挂着副油箱）一架，以3 000米高度前来袭击清川江大桥。还是我营7连，在敌机离清川江大桥4 000米的时候开灯，强烈的光束把这架飞机照住了，美军飞行员做不规则飞行，企图摆脱，但是各个探照灯站仍然紧紧跟踪，连续照射，使这个惊慌失措的美军飞行员像没头的苍蝇，失去控制，最后撞到山上，机毁人亡。

我们连在3月15日和4月12日，不到一个月的时间内，照落两架敌机。这是我们摸索出的“快速跟踪，连续照射”的作战方法所取得的重大战果，创造了战争史上的奇迹。在与纳粹德国的战争中，苏联探照灯部队虽然在夜间配合航空兵和高射炮兵以及配合陆军和坦克兵，取得过辉煌战绩，但并未出现过直接照落敌机的情况。我们取得的重大胜利，受到志愿军司令部的通令嘉奖。当张荣金连长在连部大会上宣布志愿军司令部的嘉奖令时，大家无比高兴，热烈欢呼和鼓掌，大长志气。我探照灯第421团7连的战法，迅速得到兄弟部队的认可和推广。此后，在1953年5月3日和6月10日，又有两架敌机被兄弟部队第401团的探照灯直接照落。广大指战员斗志更加高昂，进一步总结经验，不断提高技战术水平，去争取更大的胜利。

敌人为什么会在1953年上半年频繁出动飞机轰炸我交通运输线呢？当时朝鲜整个战局基本处于边打边谈、打打谈谈的胶着状态，我志愿军前线部队牢牢地固守在三八线附近阵地上，并不断地通过战役和战斗（包括上甘岭战役），在进攻和防御中消灭敌人有生力量。美军不甘心失败，企图发动第二次登陆作战，再次在朝鲜半岛蜂腰部登陆，切断志愿军的退路。频繁出动飞机轰炸我交通运输线，是其战略图谋的一部分。但他们的这个如意算盘早被毛主席识破。为粉碎敌人第二次仁川登陆的企图，我们志愿军做好了一切战斗准备，积极应对，并不断反击，给“联合国军”以重创，迫使他们回到谈判桌上，其再次登陆的企图也就泡了汤。

4. 严酷环境考验

我们是太阳出来时睡觉，下午挖坑道，夜晚打仗。挖坑道是个十分辛苦的任务，幸好我们大都是身强力壮不到二十岁的小青年，睡过一觉后浑身又是力气。挖坑道时，全凭人力先用锤子、钎子打洞，然后装炸药爆破，再把碎石运出洞外。坑道中开凿出一个个房间，用木头支撑住房间内上方和周围的石壁，防止坍塌。坑道内的指挥所空间较大，可以容纳二十多人，有指挥台、通信设备等。另有房间供人休息、睡觉或存放弹药、物品、器材。

有段时间，我们晚上在坑道中睡觉，里面潮气很大，虽然地上铺有稻草，但第二天早上被子、大衣都是潮的，得赶紧拿出去晾晒。1953年初，敌机活动很频繁。我志愿军空军逐渐成长壮大，形成了“米格走廊”，狠狠地打击了敌人的嚣张气焰。有时，白天两军交战，可以看到我军飞机和敌机在空中交火，战斗非常激烈。

根据战争形势的变化，我们需要不断地转移，并调整作战部署。行军一般在夜间进行。志愿军的官兵都熟悉一个规则：在夜间行军时，前方有人听到敌机的声音就要鸣枪示警，后面的人听到枪响，也要鸣枪，以警示更后面的人。听到枪声后，大家都及时把汽车灯关掉，避免因为灯光而暴露目标，遭受敌机的轰炸和扫射。

朝鲜多山路，很多公路都是为了满足志愿军的作战需要新修的，常遭敌机轰炸，路况很差。汽车在这种崎岖的道路上行驶，驾驶员稍不留意就会翻车，造成人员伤亡和物资损失。这种情况并不少见，尤其是冬天，雪后路滑，汽车虽然装有防滑链，但也常有车辆翻到山沟里。在行军路上，我们常看到山沟里破旧的汽车残骸。

志愿军在朝鲜战场上，在严酷的战争环境下，不仅有战斗伤亡，也有不少非战斗伤亡，其中有些是因车祸，有些是被冻死冻伤的。那时敌人具有空中优势，我交通运输线遭到敌机的轰炸和封锁，很多物资无法及时运送到位。尤其是志愿军入朝初期，经过几次战役，部队向前推进幅度较大，天气逐渐变冷，可是御寒服装难以完全供应得上，有的战士被冻伤、冻残，甚至因此失去活动能力而当了俘虏。整个抗美援朝战争期间，志愿军付出了不小的伤亡代价。

5. 过硬军事技能

部队在夜间作战，除了依靠雷达收集敌机来袭的信息外，近距离临战的状况还得有人在瞭望哨台上值班，进行监听和观察。冬天在瞭望哨台值班是一件极其辛苦的事情。瞭望哨台建在山顶上，冬天气温有时达到零下二三十摄氏度，即便穿着皮大衣、皮靴，戴上皮帽子，站在那里依然受不了，必须不停地走动，还要不断地轮班换岗。同时，要随时提高警惕，监听和观察空中有没有情况。

指挥所里的瞭望员都在实战中练就了好听力、好眼力和好鉴别力，对于飞机声、汽车声，能够很迅速地分辨清楚。不仅如此，还能分清不同飞机型号的声音，例如 B-29 重型轰炸机、B-26 轻型轰炸机、F-84 和 F-80 歼击机等。当时美军出动的重型轰炸机 B-29 可携带几千公斤炸弹，破坏力极大。另外，还有一种 P-51，即外号为“野马式”的战斗机。瞭望员还可以通过飞机的声音听出喷气式飞机和螺旋桨飞机的区别，以及飞机的大致高度和方向等。瞭望哨台的信息和雷达探照灯站的信息相配合，可以更大程度上保证照中敌机前后对敌机活动情况判断的准确性，以利于指挥员及时正确地下达作战指令。

我也在瞭望哨台值过班，但大部分时间是在指挥所里担任标图员。在连指挥所里，标图基本有两种：一种是标注中远距离雷达站传输来的信息，此图通常挂在指挥台旁的墙上；另一种是在指挥台上，标注飞机进入我防区的近距离信息，图上明显地标有我防区各个探照灯站的位置。当敌机来袭时，根据雷达探照灯站报上来的敌机的方向、距离和高度，我们在图上快速标示，指挥员看后一目了然。这项工作不仅要保证速度，还要保证精度。要在瞬间完成一个转换，即将下面报上来的雷达站到天空敌机的直线距离转换为雷达站到天空敌机垂直下方的地面距离。这用到了我在高中学过的直角三角形边长的计算方法。敌情标出后，指挥员可以及时下达指挥命令。如果太慢，飞机飞过去，抓不住有利时机，依然完不成防御和打击的任务。我们标图员一手持电话筒，及时报告下面报上来的敌情等战况，一手持笔将敌情、战况迅即标在图上，并随时准确下达指挥员的指令。几个标图员，每人直接联系一个排，每个排都有一部雷达探照灯、三部跟踪灯。战况瞬息万变，上传、下达、标图，均以秒计，战机不可失。同上级指挥所的联系，同瞭望哨台的联系，都有专人进行，有线、无线的通信手段全部都用上。

不管是战斗在瞭望哨台上还是战斗在坑道里的指挥台旁，不管是标图员、指挥员还是探照灯站上的操作人员，为打好仗、打胜仗，大家同样紧张和辛苦，全力以赴，齐心协力。在艰苦的战争环境中，我们全体指战员恪尽职守，是一个紧密团结的战斗集体。在敌机被照中又被击落后，大家极为振奋，为胜利而欢呼，内心充满喜悦与自豪。

6. 在朝鲜的生活

我们每个连部设有一个负责作战指挥的指挥排，排里有标图班、有线电话班和无线电报班，此外，还有负责伙食的炊事班，以及协助连长和指导员处理日常事务的司务长、文书、文化教员、卫生员、通信员、司机等人员。大家各司其职，互相关照，工作紧张而有序。

部队的生活供应比较紧张，主要原因是交通运输线常常遭受敌机的轰炸，生活物资难以及时运送到位。随着我军防空力量的不断加强，情况在不断地改善。我们部队由于不在朝鲜战场的最前线，所以情况要好一些。平常，大家基本上可以吃上米饭和馒头，但吃不上新鲜蔬菜和新鲜肉，经常吃的是罐头，有牛肉罐头、猪肉罐头等，还有晒干的黄花菜。这种状况比陆军最前线的战士有时吃炒面喝雪水要好多了。但经常吃这些罐头食品是很倒胃口的，不少同志到后来闻到罐头的味道都不想吃饭了，非常期望能吃到新鲜果蔬，可是新鲜的东西难以保存，以当年的运输条件，根本无法保证供给。

有时，我们外出执行任务，背上一壶水，随身带着炒面或压缩饼干，饿了就吃一点充饥。压缩饼干这种食物虽然硬，但年轻人可以咬动。所谓压缩饼干，是国内为了适应战争前线的需要，专门研究出一种用小麦粉、大米粉、花生粉、芝麻粉及白糖等有营养价值的东西，经过高温高压处理制成的饼干。这种东西偶尔吃一两块，喝点水，可以充饥，味道还不错，但稍微多吃一些，实在太费劲，也不太好消化。我们有时在一个地方多住上几天，偶尔到老百姓的集市上看看，可是老百姓的日子本来就很艰难困苦，实在没有多少东西可以拿到集市上交换。

7. 文化娱乐活动

平日，部队会利用业余时间学习唱歌。吃饭前，晚点名时，都要集合唱歌，这是连队的一贯做法。每个连都有一位文化教员，专门负责文化教育、文娱宣传等活动。每个军差不多都有一个文工团，战争期间，文工团会下部队慰问演出，鼓舞士气。

我们班有位战友叫张化新，多才多艺，他曾写过一首《探照灯兵之歌》。这首歌词被报到上面，经作曲家谱曲后，由文化教员利用业余时间教我们唱，很振奋士气。当时的战争环境非常紧张，上午睡觉，下午挖坑道，没有多少时间从事文化娱乐活动。但年轻的战士们，只要集合在一起，总是先唱首歌，活跃气氛，鼓舞斗志。

停战后，我们虽然不打仗、不挖坑道了，但不能放松警惕，值班、训练、备战、总结经验还是必要的。相对而言，文娱活动、体育活动增多了。我们这些青年人，精力充沛，每天早晨出早操，有时组织篮球比赛，有时学唱革命歌曲，有时与朝鲜老乡联欢。朝鲜族是个能歌善舞的民族，老老少少都有些文艺天分。

8. 战友情深

在战争环境下，我们这批年纪大致相近的战友，感情非常深厚。不管遇到什么困难，大家都会集中全力去克服。志愿军的军服没有军衔标志，指挥员和普通士兵没有明显的等级区分。更重要的是大家有高度的政治觉悟，有共同的理想信念，为完成共同的战斗任务而聚集在一起，因此官兵一致，都是一个战壕里的战友，同甘共苦，生死与共，政治上一律平等，生活上互相关心照顾，相处极为融洽，作战时虽分工不同，各负其责，但密切协同配合。这种良好的氛围，自然有利于增强部队的凝聚力和战斗力，使大家团结一致，英勇顽强，去夺取战争的胜利。

我的一位战友谢开元，平常生龙活虎，工作积极主动，待人热情坦诚。1952 年夏天，他曾患痢疾拉肚子，整个人都瘦了。近半个月的时间，我们大家给他端饭送水，关心备至。经过治疗，他的身体慢慢恢复，病情得到控制，大家为他松了口气。这个过程，充分体现了我们革命队伍里的温暖和战斗友情的深厚。90 年代，我去杭州开会，谢开元专程从浙江安吉（他的老家）到杭州看望我。我们多年不见，见面后格外亲切，追忆往昔，畅叙别后，特别开心。2010 年 11 月，我去无锡开会，会后我与家住无锡的老战友顾祖炎一同去了浙江安吉梅溪镇看望谢开元。我们再度回忆那段患难与共、生死相依、不畏艰险、英勇战斗的岁月，交流退伍以后在各自的岗位上，保持革命军人本色，努力学习和工作，为国为民做出新贡献的点点滴滴。遗憾的是谢开元身体不大好，患有较重的老年病，之后约两年，他就去世了。我们永远怀念他。

★ 2010 年 11 月，马绍孟和顾祖炎（左）去浙江安吉看望老战友谢开元（中）

说到这里，我还要讲一讲顾祖炎战友，他很聪明、机灵，善于思考，标图业务纯熟，后被调到营指挥所标图班，当过班长、指挥排排长、上海探照灯第 421 团团部参谋，转业后当过青海玉树公安局局长，后调回无锡市老家，从水产部门岗位上离休。在我的战友中，我同他联系是较多的。我在人大读书时，他来京看过我。在我经济上较困难和结婚的时候，他都慷慨相助。2010 年 11 月，我同顾祖炎一道去浙江看望谢开元战友后，又一道乘火车去安徽滁州看望张化新战友，就是那个在朝鲜战争期间创作《探照灯兵之歌》的人，他不但军事业务精湛，而且多才多艺，是文体活动积极分子。

★ 2010 年 11 月，马绍孟和顾祖炎（右）去安徽滁州看望老战友张化新（中）

另外，我同抗美援朝期间我们的老班长、后来的营指挥所指挥排排长白绍台战友，近些年来一直保持联系。他为人正直，工作经验丰富，特别认真负责，勇于担当，善于团结同志。他先于我们转业到地方工作，后来在沈阳物资系统岗位上离休，几次来北京看望我。我还同张卫、陈钊、王猷石等战友断断续续有过联系。大家自离退休以后，逐步进入晚年，过去在严酷的共同战斗中结下的深厚情缘，通过互相交往，给晚年生活带来无穷的乐趣，给生命增添了新的活力。正应古人说：“天下知交老更亲”。

★ 2009 年 7 月，白绍台战友（右）来北京在马绍孟家合影

9. 中朝人民的支持

我们和朝鲜老百姓相处得很好，军民关系极为融洽。不管我们遇到什么困难，朝鲜群众在条件允许的情况下，都会真诚相助。1952 年秋天，满山的栗子成熟后，朝鲜老乡主动煮了几大锅送来给我们吃。盛情难却，但我们不能白吃，最终还是给了他们适当的报酬。由于作战任务紧张，我们与朝鲜老乡接触的机会并不是很多，加上语言障碍，交流也有限，但只要有机会见面，都尽量做些交流。我们都学会了几句简单的

朝鲜话，例如老大爷、老大妈、你好、谢谢等，见面时互相问候，连说带比画。朝鲜的老人，有的学过古汉语，有时会在地上用树枝写几个汉字同我们交流。

我们大多数时间都住在朝鲜群众家里，上午睡觉时，鞋袜全放在炕边，等一觉醒来，有时发现我们的鞋子已被擦得干干净净，袜子也洗干净了。这全是朝鲜老大爷、老大妈他们干的，实在令人感动。我们起床后，尽量抽时间把老乡的院子打扫干净，水缸里挑满水。无论到哪儿，朝鲜老百姓对我们都很关心，我们也把解放军的好传统带到了朝鲜，真是军民鱼水情，胜似一家人。

朝鲜老百姓经受严酷的战争考验，政治觉悟很高。老大爷、老大妈像对待自家孩子一样对待我们这些年轻的志愿军战士。我们从驻地离开时，他们往往流着眼泪恋恋不舍地送我们。这种感情是在对付共同敌人的战争中锻炼出来的。志愿军战士发扬国际主义精神的具体事例很多，对待朝鲜老百姓，也像对待国内群众一样。军民一致，同仇敌忾，在战争中产生了无比的威力。

我们在朝鲜打仗，自然离不开国内人民的支持，这是我们取得胜利的坚强后盾。国内社会各界，从中央到地方，对志愿军不但在人力、物力、财力上给予大力支持，而且在精神上给予巨大的关心和鼓励。我们经常收到社会各界的许多慰问信。这些慰问信，都满腔热情地表达祖国人民对志愿军战士的一片爱心，给战士们以极大的激励和鼓舞，激发起大家昂扬的斗志。著名作家魏巍写过一篇《谁是最可爱的人》，充分表达了志愿军战士在全国人民心目中的地位，表达了祖国人民对我们的关爱和支持。源源不断来自全国各地的慰问信是我们在朝鲜战场上英勇作战的重要精神动力。

10. 亲历战友牺牲

1953 年夏天，祖国慰问团到朝鲜慰问志愿军。慰问团中包括有政府机关干部、各界代表、劳动模范以及文工团员。有一天，文工团到我们驻地附近的山沟里演出，大家都非常高兴。我当时已调到营部工作，同营部的人一道乘车去看演出。那天阴天有雨，比较凉爽。演出是在一个山沟里的露天开阔地进行的，临时搭了个简陋的舞台，我们带着小马扎坐在台下观看。演出过程中下起了大雨，大家浑身的衣服都湿透了，冻得打哆嗦。台上的演员冒着大雨，照样唱歌跳舞，水花四溅，歌声嘹亮，精彩无比。台下的观众极其高兴，热烈欢呼。雨声、歌声、鼓声、欢呼声，响彻整个山谷，让人心情振奋，热血沸腾。在严酷的战争环境下能够看到这样一场精彩演出，让人终生难忘。

演出结束后雨也停了。我们乘坐苏联产的嘎斯车返回营地。在这种卡车敞开的车厢里站着约 30 人，大家七嘴八舌交谈演出的情节、演员的表现等，兴高采烈。刚下完雨，山路湿滑，离开演出现场不远，车子颠簸，突然滑到路边，车上人员被晃动得纷纷倾向一边，车辆也因此重心不稳而翻倒。我当时站在车厢内右边倒数第三个，倒数第一位是我营副营长，倒数第二位是营部电话班的电话员，看到车子往下倒，他们二人很快顺势带我跳下车，其他人还来不及反应，整个车子就翻过去了。我眼睁睁看着车子打了七八个滚翻到山沟底下。

被翻下车的人稀稀落落分布在山坡上。有些人很不幸，车子翻倒时，车帮是压着他们的身体翻过去的。其中，一位电报员被车压过后，勉强站起来，表情极为痛苦，浑身哆嗦着说了一句朝鲜话，意思是够呛，便又立刻倒下。周围的人高呼“卫生员！卫生员！……”因演出散场不久，很多人都没有走多远，所以不一会儿就有卫生员过来给伤者检查伤势。可没过五分钟，这位同志就牺牲了。可以想象，被那么大的重量压过，他的内脏受损是相当严重的。

除了当场牺牲的电报员，还有十五六位战友受伤，其中五六位重伤。一位战友紧紧抓住车帮，随车翻下沟底，半个身子还被压在车下，四周人迅速赶到，合力抬起车，将人救出，该战友虽然保住性命，可他的伤势也很重。这是我经历过最危险的一次事故，目睹战友牺牲。那位电报员是我们的工作伙伴，大家朝夕相处，并肩作战，他的牺牲让我们深感悲痛。

在朝鲜战场，我们遭遇的危险还来自敌机的轰炸、扫射。白天敌机低空来袭时，我们及时分散隐蔽，待在战壕中、掩体里，或有掩护物的地方，看着敌机用机枪扫射。射出的一束束子弹，打在附近的土地上，冒出一股股尘烟，有时甚至可以看到敌机驾驶室中飞行员的大致轮廓，危险近在咫尺。10 连的指挥所曾被炸，有 11 位同志牺牲。遭遇这种场面，我开始时还有些紧张，后来慢慢地也就适应了，并采取必要的躲避行动。我的心理素质还比较稳定，在非常紧张、危险的境况下是比较沉着冷静和清醒的，没有惊慌失措。

打仗总是要有牺牲的。我那时年轻，没有太多的心理负担。在入朝前的动员宣誓会上，我们知道这场战争是很惨烈的，在思想上已经做好充分准备，首先是要勇敢战斗，消灭敌人，争取胜利，其次也准备为国捐躯，即使牺牲了，也是光荣的。既然为了保家卫国而来，革命军人在战场上就应该敢打敢拼，不怕流血牺牲，绝不能畏首畏尾，甚至贪生怕死。这种观念在广大志愿军指战员的心中是很牢固的。这支队伍是用毛泽东思想武装起来的英勇威武之师、无畏之师、胜利之师，信念坚定，勇敢善战，所向披靡。大家“下定决心，不怕牺牲，排除万难，去争取胜利”。

11. 凯旋

1953 年，交战双方在停战谈判中时谈时打、边谈边打。为了确定最后的边界，双方都在较劲。从 1953 年 5 月中旬开始，我军在连续进攻特别是金城战役中，重创“联合国军”，将谈判中最初划定的军事分界线向南推进了 332.6 平方公里，迫使美方不得不向中朝方面提出恢复谈判的要求，并最终于 7 月 26 日双方达成军事停战协定，27 日正式签字。至此，抗美援朝战争以中朝军队和人民取得胜利而宣告结束。

停战后，为了巩固胜利成果，我们没有马上撤军，有相当一部分部队留下，备战、值班、学习和总结，帮助朝鲜恢复建设。我营 6 连和 7 连一起，直到 1954 年 1 月 10 日，才完成任务奉调回国。我们在朝鲜共度过 620 个令人难忘的战斗的日日夜夜。回国时，我们坐在火车的闷罐车厢里，是在夜晚通过鸭绿江上的铁路桥的。大家带着胜利的喜悦回到祖国的怀抱，无比兴奋，思绪万千，几乎彻夜未眠。火车走走停停，一直开到浙江萧山。下车后，我们又转乘汽车开向宁波，驻守宁波沿海一带，接受沿海防空的新任务。

抗美援朝的历史告一段落，它是我一生中最值得回忆的往事。我经受了严酷的磨炼和考验，学到了很多好东西，养成了志愿军艰苦奋斗、吃苦耐劳、克服困难、不怕牺牲的精神，养成了革命军人严格的组织性和纪律性，始终牢记并身体力行听党指挥、爱国为民的优良传统，等等。这些精神品格，为我以后的学习、工作、发展进步提供了巨大的动力，使我终身受益。

如今抗美援朝已经结束 60 多年了，但抗美援朝精神一直鼓舞全国人民，为建设中国特色社会主义、实现中华民族伟大复兴而奋斗。

2000 年 10 月，党中央在人民大会堂召开首都各界纪念中国人民志愿军抗美援朝出国作战 50 周年大会，江泽民总书记做了重要讲话。紧接着首都各界代表又在人民大会堂召开了座谈会，我应邀到会，做了题为《弘扬伟大的抗美援朝精神》的发言，主要内容很快就在《求是》杂志上发表了，并有其他报刊转载。现将我的发言内容辑录如下：

弘扬伟大的抗美援朝精神

1950 年，美国悍然发动侵朝战争，对世界和平、对我们年轻的共和国构成了严重威胁。毛主席和中央人民政府审时度势，及时、果断地发出了“抗美援朝、保家卫国”的伟大号召。中国人民志愿军雄赳赳气昂昂地跨过鸭绿江，抗击美国侵略者。经过近三年艰苦卓绝的浴血奋战，中朝人民和军队，终于把侵略者赶回到三八线以南，夺取了抗美援朝战争的伟大胜利。

今天，我作为一名大学的教师，同时也作为一名曾经扛过枪、跨过江的中国人民志愿军老战士，回忆起这段历史，真是感慨万千。

毛泽东主席曾经教导我们：“帝国主义和一切反动派都是纸老虎。”抗美援朝战争的伟大胜利，再一次证明了毛主席所说的这个颠扑不破的真理。纵观鸦片战争以来中国人民抵御外侮、反抗侵略的近代史，可以看出，西方列强为了从中国掠夺更多的财富，奴役中国人民，不惜采取政治、经济、文化以及军事等一切手段，不断地对我国进行侵略。英勇顽强、不愿做奴隶的中国人民，经过斗争、失败、再斗争，终于在中国共产党的领导下，于1949年推翻了压在头上的“三座大山”，赶走了帝国主义侵略者，建立了自己的政权——中华人民共和国。正当年轻的人民共和国百业待举、百废待兴之际，以美国为首的侵略者发动侵朝战争，并将魔爪伸向鸭绿江两岸，企图将人民共和国扼杀于摇篮之中。侵略者拥有当时最先进的武器和技术，最雄厚的经济实力，是不折不扣、地地道道的“真老虎”，气势汹汹，不可一世。但是，中国人民相信：“得道多助，失道寡助”，“多行不义必自毙”。先进的武器和技术、强大的经济实力，固然是影响战争胜负的重要因素，但是从本质上看，从长远看，正义的反侵略战争，必将战胜非正义的侵略战争。人心的向背，人民群众的力量，是战争胜负的最终决定力量。在抗美援朝战争中，中朝人民和军队在战略上藐视敌人，在战术上重视敌人，敢于斗争，善于斗争，一次又一次地粉碎了侵略者的图谋，打击了侵略者的嚣张气焰。最后，迫使以美国为首的所谓“联合国军”坐到谈判桌旁，签署了停战协定。

抗美援朝的胜利，集中体现了中国人民在中国共产党领导下反抗侵略、捍卫独立、争取解放、维护和平的伟大的民族精神。

这种精神就是祖国和人民的利益高于一切、为了祖国和民族的尊严而奋不顾身的爱国主义精神。美帝国主义发动侵朝战争，极大地激发了中国人民的爱国热情。全国上下，同仇敌忾，广大志愿军指战员为保卫祖国，保卫人民的利益，勇敢战斗，前仆后继，排除万难，去争取胜利。

这种精神就是英勇顽强、舍生忘死的革命英雄主义精神。以美国为首的侵略者，在朝鲜战场上一度占据着陆上优势、空中优势和海上优势。但中国人民志愿军这一正义、威武、文明之师，不怕鬼，不信邪，英勇善战，敢打敢拼，不怕流血牺牲，有压倒一切敌人的气概。从清川江到上甘岭，从陆地、海上到空中，志愿军所向披靡，使敌人闻风丧胆。

这种精神就是不畏艰难困苦、始终保持高昂士气的革命乐观主义精神。在抗美援朝战争中，不但全国人民团结一致，克服新中国成立初期的各种困难，全力支援前线，在朝鲜作战的广大志愿军指战员，也发扬了我军爬雪山、过草地的精神，上下一心，同甘共苦，密切协同作战，顶住了敌人的狂轰滥炸，克服了高山、严寒、后勤供应紧张、常常缺衣少食、武器比较落后等种种困难，以集中优势兵力消灭敌人，以近战、夜战、坑道战等灵活机动的战略战术，最终赢得了战争的胜利。

这种精神就是为了完成祖国和人民赋予的使命、慷慨奉献自己一切的革命忠诚精神。我们的军队是中国共产党领导下为人民利益而战的军队。政治工作是我军一切工作的生命线。毛泽东思想是指导我军的灵魂。党指挥枪的原则是我军夺取胜利的根本保证。党指向哪里，我们就打到哪里。在党的指引下，中国人民志愿军有严密的组织和指挥，严格的制度和纪律，广大指战员有高度的政治觉悟和崇高的理想，忠于祖国，忠于人民，勇于为祖国和人民的事业奉献自己。这种精神，对于那些打着“联合国军”招牌的雇佣军来说是难以想象、不可理解的。

这种精神就是伟大的国际主义精神。走上社会主义道路的朝鲜，是我国近邻，受到美帝国主义侵略，遭遇苦难，我国人民绝不会等闲视之。唇亡则齿寒，更何况侵略者已把战火烧到鸭绿江边，把战舰开进台湾海峡，我们理所当然地发扬国际主义精神，出兵参战，无私无畏地支援朝鲜人民的正义斗争，坚决地粉碎美国侵略者扩大战火、称霸世界的野心。

抗美援朝战争已经过去五十年了，而伟大的抗美援朝精神却一直在激励和鼓舞着全中国人民。我们今天来纪念抗美援朝50周年，就是要进一步弘扬伟大的抗美援朝精神，大力推进建设有中国特色社会主义的宏伟事业。

历史是一面镜子。它告诫我们：要爱好和平，珍惜和平；但和平不能靠等待，不能靠施舍，而要靠斗争去争取。我们中华民族是爱好和平的伟大民族，中国人民是爱好和平的伟大人民。历史上饱受侵略、饱经战乱之苦的中国人民，深知和平来之不易，因而特别需要和平，特别珍惜和平、安定的国内外环境，以便一心一意搞建设，使国家尽快富强起来。当今世界，和平与发展是两大主题，是人心所向。但是，和平与发展这两个问题，一个也没有很好地解决。从朝鲜战争到越南战争、中东战争、科索沃战争，帝国主义在不断地推行霸权主义和强权政治，世界并不安宁。因此，我们必须继续发扬伟大的抗美援朝精神，加紧建设我们强大的经济和现代化的国防，同霸权主义和强权政治进行不懈的斗争，同世界各国人民一道去努力维护亚洲和世界的和平。

历史是一首赞歌。在抗美援朝战争中，我们最可爱的人——中国人民志愿军，谱写了一曲曲威武雄壮、可歌可泣的爱国主义和革命英雄主义赞歌，震撼着亿万人民的心灵，鼓舞着广大军民的斗志。当前，我国现代化建设虽然取得了举世瞩目的伟大成就，但在前进道路上还有不少困难，面临许多挑战，需要我们继续唱响抗美援朝精神这一主旋律，奋力拼搏，去战胜一切困难，迎接各种挑战，创造新的辉煌，谱写新的篇章。

历史是一部教材。我们要用伟大的抗美援朝精神去教育人民，特别是广大青少年，使他们不忘历史，高度珍惜无数先烈用鲜血换来的和平环境，努力学习革命先辈用生命铸成的精神丰碑，树立正确的世界观、人生观和价值观，认真领会和贯彻江泽民同志在纪念抗美援朝出国作战50周年大会上的讲话精神，高举邓小平理论伟大旗帜，坚定不移地实践党的基本路线和基本纲领，为振兴中华民族、建设繁荣富强的伟大祖国而努力奋斗。

1996年6月，应朝鲜科学院的邀请，我率领中国人民大学代表团访问了朝鲜，与朝鲜同行就共同关心的若干理论问题做了交流和探讨。我们代表团一行5人借访问的机会特意向中国人民志愿军烈士纪念碑献了花圈，表达了对抗美援朝烈士们高度的敬仰和深深的怀念。我们还到了清川江畔我曾经战斗过的地方，受到朝鲜群众的热情接待和欢迎。在结束对朝鲜的访问时，我给朝鲜同志写下了这样几句话："中朝唇齿邻，战斗凝友情。社会主义好，松柏万年青。"

第四章 人生转折

1. 驻军甬沪

1954 年 1 月 9 日，我们离开朝鲜回国，乘火车到浙江萧山下车，又转乘汽车到宁波驻防，接受保卫宁波港和其他战略目标的任务。途经杭州时，我首次看到西湖的美丽风光，湖光山色，碧波荡漾，绿树成荫，亭台楼阁，美不胜收，不禁赞叹不已。我还看到很多儿童在和平的阳光下玩耍，健康地成长，看到人民群众在紧张地工作、劳动，愉快地休息。人们尽情地享受不断改善的幸福生活。这让我进一步感受到抗美援朝的必要性。我们如果不进行抗美援朝、保家卫国的伟大斗争，美国侵略者就必然要把战火烧到我们国内，我国将不可能有一个和平、安定的环境，国家的发展、人民的安全也就根本无法得到保证。身为中国人民志愿军的一员，我感到无比光荣和自豪。

到达宁波后，我营指挥所设在市区东柳坊，各连、排的灯站布防在宁波港周边地区，配合空军和高射炮兵，高度戒备，严防台湾美蒋飞机的侵扰。我们当时穿的还是朝鲜战场的军装。北朝鲜冬天很冷，到了较为温暖的江南宁波，我们的军装就显得很厚了，而且穿久了显得比较破旧，走在宁波市的大街上，非常惹眼，引来不少群众围观，看着这群可爱的志愿军，想必是在前线吃了不少苦。后来，天气转暖，我们换上了新的军装。

生活在宁波，生活在和平的环境下，我们感到和在朝鲜战场的形势完全不一样了。但革命军人的责任没有减轻，台湾尚未解放，保卫东南沿海领空的任务依然艰巨。

在宁波驻军近半年，1954 年 5 月，我们营即上海探照灯第 421 团 3 营又接到上级命令，调防上海浦东一带。部队分散在浦东、长江出海口一带及横沙、鸭窝沙等岛屿。营部指挥所驻扎在川沙县江镇大洪村。大洪村距离川沙县城不远，指挥所设在一栋被没收的资本家的别墅里，我在那里一待就是两年多。其间，我们一面承担保卫上海领空的任务，一面抓紧进行部队的现代化、正规化训练。

★ 1954 年春，马绍孟从朝鲜回国后于浙江宁波

2. 战备训练

我继续在标图班工作，后来当了班长。训练内容包括指挥所的各种业务，其中有标图、有线通信、无线通信等。当年，我们指挥所的无线电通信发电设备即电动马达，需要固定在长凳子上用手摇，摇了之后才能发电，为无线报话机提供电源。抗美援朝战争中，我们一直使用这种设备发电，来保证无线电通信。此外，我们还进行队列训练，战术操练，挖战壕、掩体，等等。

训练过程十分辛苦，不论是寒冬，还是炎夏，白天在指挥所里紧张学习和演练，在练兵场上摸爬滚打，晚上还要值班备战。我记得，冒着烈日在操场上进行队列训练时，汗水一直流到鞋子里，不知湿透过多少遍衣衫。在野外挖掩体，摸爬滚打，持枪进行战术训练时，个个都是满头汗、一身泥。

★ 1955 年，马绍孟于上海

我以前的文化程度并不高，只学到高一上学期，初步学过平面几何、三角函数，这种知识对我从事的标图工作正好用得上。我和标图班的战友一起研究、总结在朝鲜的实战经验，创造出一种快速标图法，通过直角三角的快速计算，形成一个不算复杂的公式，在图上标出飞机的位置。这种快速标图法形成文字后，送到上海华东防空司令部指挥所，受到领导的肯定和表扬。

我在积极学习业务之余，也认真学习政治。在宁波驻军时，我就买了本《毛泽东选集》第一卷，一篇一篇地认真阅读，并做学习心得笔记，同时还组织了一个学习小组，共同学习，很有收获。至今，我仍然珍藏着当年学习的笔记本。当时我不仅学习有热情，政治上也要求进步。我是共青团员，参加团支部选举时，当选为团支部副书记。团支部书记是党支部委员尹振环兼的，他是一位军医。从参军到驻军上海的几年，我认真做好本职工作，努力学习，积极向上，富有朝气。

3. 复习备考

抗美援朝战争胜利后，我军加速进行现代化、正规化建设。国家着手进行兵役制改革，不断地有老兵复员退伍。1956年开始实行义务兵役制和军衔制。在这种情况下，我作为一名志愿兵的老兵，根据对当时各种主客观因素的分析，知道复员退伍的问题将要提上日程。复员退伍之后何去何从呢？我不得不思考和面对这个关系我未来前途的极为重要的问题。我做了多种考虑和准备。想当年在中考抉择时，我放弃师范，选择高中，目的就是为了争取更好的深造机会。从抗美援朝战场回国后，我的很多中学同学纷纷考取了大学，这对我的思想产生了不小触动，我也梦想能够上大学。

考大学，困难肯定是有的。我在上小学、中学时处于战乱年代，学到的知识不多，高中只上过一学期，知识底子薄弱，加上当兵打仗又过去五年多，中学学到的那点知识已经丢了不少。可能在有的人看来，我和大学已经无缘了，只能回农村种地，结婚生子，当一辈子农民。在当时，从世俗的或某种带有偏见的视角持有这种看法，不足为怪。我经过一段时间剧烈的思想斗争，反复思考，最终决定：考大学。常言道，有志者事竟成。趁现在年轻，不妨拼搏一下。我必须加倍地努力，超常地付出，才能够考上大学，才能够在未来适应新的需要，不断有所进步和发展。决心一经下定，我便利用节假日到上海市区跑了许多旧书店，买了高中语文、数学、地理、历史等旧的课本，用于复习备考。我们驻军的地点在浦东川沙县江镇，距离上海市区还有一段路程，要从江镇坐上小火车，经过川沙县城，到黄浦江边再乘轮渡过江到上海，当天可以往返。

从1954年底前后，我开始了复习备考。我利用晚上、不值班或者节假日的时间，刻苦自学。在复习过程中，语文、历史、地理我都可以自己学习。但外语不行，我只在初中学习过一学期。数学也不行，数理化如果没人辅导，自学很困难。许多战友星期天或者业余时间出去玩，打扑克、打篮球、逛街等，我则利用这段时间自学。这种复习准备一直持续了一年半左右。

1956 年夏天，我复员退伍的问题提到日程上了。华东军区防空司令部将所在部队的复员兵集中在上海市郊松江，有组织地进行一段时间复员前的学习和教育。集训期间，集训队政委找我谈话，说上海江南造船厂和天津航务管理局要到这里来招工，对我是个机会，如果愿意去，可以推荐。我有些犹豫，思想有点波动，一方面觉得既然做了这么长时间的复习准备，要考大学，现在就轻易放弃，未免可惜，于心不甘；另一方面，招工机会来之不易，如果错过了，万一大学考不上，那就工人也当不成，只能回家当农民了。经过再三权衡，综合考量，我决定还是铁了心考大学，第一年考不上，第二年继续考。当我表明这个态度后，政委很理解，他鼓励我努力准备，希望我如愿以偿。和我一道集训的一位战友燕友三同志，他放弃了考大学，应招去了天津航务管理局。多年以后，20 世纪 90 年代，我们在北京见了面，共同回忆那段人生转折的往事。

4. 圆梦——上大学

当年有一个大的背景，即 1955 年中央就号召全国向科学进军，向文化进军，加速培养各个建设领域急需的人才。为此，高等教育要扩大招生规模，国家鼓励符合条件的广大知识青年，包括部队知识青年报考大学。这真是天赐良机啊！我及时地把握住了这个难得的机遇，竭尽全力去复习备考。我们复员兵集训队伍里有十几个同志都和我有同样的想法，都在努力备考。我和同志们向部队领导提出一个请求，希望部队能给我们提供条件，在考试前住在防空司令部招待所，集中复习一段时间。那时，我已报名参加了复旦大学办的高考补习班，这个补习班补习的时间只有一个月。集训队政委采取了积极态度，向华东军区防空司令部做了请示，司令部领导批准了我们的请求。于是，我和十几个战友就住到了防空司令部招待所。招待所在国权路，距离江湾的复旦大学没多远，走路十多分钟就到了。我每天去复旦大学补习，如饥似渴地聆听大学老师的授课辅导，真是受益匪浅。

当年高考有个政策，即调干生报考大学，绝大多数专业都可以免试外语，文科有些专业还免试数学。中国人民大学的地位特殊，是提前单独考试招生的学校，以人文社会科学为主，不少专业对调干生免试英语和数理化。我经过考虑，决定报考中国人民大学。上海 6、7 月份的天气特别热，我白天到复旦大学补课，晚上回来开夜车，恨不得一天 24 小时都用在复习备考上。时间紧，担子重，加上天气酷热难耐，又有蚊虫叮咬，我在招待所里每天要冲七八遍凉水澡，那种感觉真是在玩命。

★ 1954 年，马绍孟同小学、中学同学，堂外甥纪铁城（左）于上海

我心里想，一定要抓住机会，背水一战。在朝鲜战场上，我没有被枪林弹雨和各种艰难险阻所吓倒；在向科学、文化进军的征途上，我也决不能在困难面前退缩。当时退伍兵的集中训练已经结束，我的户籍关系可能已经转到了苏北涟水，我的人事关系还暂时放在防空司令部。

经过一年多的准备，又在复旦大学高考补习班学习了一个月，我满怀信心地参加了中国人民大学在上海的单独招生考试。中国人民大学是从 1937 年抗日战争时期中国共产党在延安创办的陕北公学发展过来的，原来主要培养在职干部，20 世纪 50 年代中期才开始逐步招收一些高中毕业生。这所学校对我有很强的吸引力。我参加完中国人民大学的考试后，参加全国统考的复习准备照常进行。但没过多久，中国人民大学就发榜了，我被顺利录取。这样，全国统一考试我就不参加了。我终于实现了多年的夙愿，实现了上大学的梦想，心中无比激动，高兴极了。为了放松一下、自我庆祝一下，被录取的第二天，我抓紧时间赶场子，在一天之内观看了五场电影和一场足球赛。现在回过头来看，挺有趣，有点不可想象。成功考取大学，是我人生历程中的一次重要转折，改变了我人生发展的轨迹。

★ 2000 年 10 月，马绍孟于陕北延安庆祝陕北公学纪念碑亭落成

5. 反思

在此之前，我的人生发展过程中也有一些转折和变化。1951年，我响应国家号召，参加军干校，投笔从戎，进入革命队伍工作，后又到朝鲜战场上接受枪林弹雨的生死考验，经受严酷的战争环境锻炼，这无疑是我一生当中最重要的经历。当时是十几岁的小青年，充满朝气，思想单纯，对未来没有太多思考。

1955年前后，在我逐步意识到可能要退伍并准备考大学的过程中，我在工作上和生活上都遇到了一些不顺心的事，一度情绪不高，思想有些苦恼，心情有些压抑，似乎蓄积着的某种能量要迸发。未来怎么办？是复员回乡，还是考大学，还是另找工作？我有些茫然，思想斗争很激烈。我的初中同窗好友陈登昌给了我莫大的鼓励。他从部队转业后到上海的一个单位工作，我们常有来往，我的情况他非常了解。登昌同学和我多次促膝谈心，认为我比较聪明，又有一定的基础，积极鼓励我复习备考，从而坚定了我报考大学的决心。我将蓄积的能量倾注到复习备考之中，经过刻苦努力，终于实现了目标。路遥知马力，日久见人心。登昌同学在我人生发展遇到

★ 1955年，马绍孟于上海

困难、处于低谷、有些彷徨和苦闷的时候，伸出援手，给我以支持和鼓励，这是多么难能可贵啊！人间自有真情在，身处大上海，灯红酒绿的花花世界，丝毫没有改变他对老朋友老同学的一片真实情谊。我始终铭记登昌同学给予我的支持和鼓励。直到现在，我们之间一直保持着密切的联系。我离开上海前，我们一起合影留念。这张照片可以看出我经过艰苦的复习考试，人的确消瘦了不少。为了追梦逐梦，真是“衣带渐宽终不悔，为伊消得人憔悴”。

★ 1956年，马绍孟同中学的同学、好友陈登昌（右）于上海

我在上海驻军的两年，是很不平常的两年。我从一名革命军人转变为一名普通老百姓，从一名战士转变为一名大学生，变化实在太大了。这期间，许多情景，许多人和事，在我脑海里留下了深刻的印记。怎能忘：指挥所里的紧张演习，练兵场上的摸爬滚打，上海公园的夜色花香，霓虹灯下的苦闷徘徊，假日夜晚的灯下苦读，考上大学的欢欣鼓舞，等等。这一切的一切，满是酸甜苦辣，让人刻骨铭心，使我长了不少见识。这就是生活，它有时是很严酷的；这就是历练，它在砥砺我的品格和意志。这些磨炼，无论是正面的，还是负面的，都是一笔宝贵的财富，它转化为巨大的正能量，推动我更加坚定、勇敢地去搏击未来的征程。

考上中国人民大学之后，我对未来充满了憧憬，曾在黄浦江畔漫步，写下了几句话：“海关楼头报时钟，惊醒往日锦绣梦。抬头仰望北斗星，背向黄浦怒涛中。”人生的道路并非一帆风顺，征途上也有坎坷和不平。北京和中国人民大学在我心中像北斗星一样璀璨。我的心情如同江涛一样汹涌澎湃。这是我当时心态的一种写照。

6. 回乡

我当兵五年多没有回家，非常思念家乡，思念母亲和姐妹们，有时连做梦都想她们。1956 年 8 月初，接到中国人民大学的录取通知书以后，在去学校报到前，我告别了战友，急切地回了一趟家。还未进村，我老远就望见我家那熟悉的三间茅草房，那是生我养我的地方。房前屋后的树木，以及村外田野里绿油油的庄稼，勾起我许多童年和青少年时期的记忆，心境难平，马上要同家人团聚，更是兴奋不已。到家之后，听说农村正在进行农业合作化运动，家乡变化很大，以往那种贫困的状态已经有所改变。家中情状也有不少变化，两个姐姐已经出嫁，一个姐姐参加了工作，两个妹妹正在上学，家庭生活有所改善。

家人特别是母亲看到我考取了中国人民大学，非常高兴。历经战火考验的游子归来，还考上了大学，全家人都沉浸在欢乐之中。村子里的许多乡邻都跟我比较熟悉，也向我表示祝贺。当时教育不发达，我是我们村里走出来的第一个大学生。我在家住了不到一个月，遍访乡邻和亲友，心情特别愉快。8 月下旬，我打点行装，告别家人，乘车到达北京，向中国人民大学报到，开始了全新的大学生活。

第五章 大学寒窗

1. 初识人大

从苏北涟水去北京，需要先坐汽车到陇海线上的新沂，再坐火车经徐州转京沪线到北京。时值夏末秋初，天气清爽宜人，江淮平原和鲁冀大地上，一片郁郁葱葱，高粱、玉米等秋庄稼长势喜人，丰收在望。我到北京前门火车站下车出站后，一眼就看见中国人民大学接站的人在车站广场举牌等候。我取完行李，听从指引，和许多新生一起乘校车到东直门内东四十条海运仓校区报到。我很快就知道，人大的校址较为分散，大部分学生住在北京西郊，即现在的海淀区中关村大街 59 号；另有一部分在北京东城的张自忠路铁狮子胡同 1 号，原段祺瑞执政府所在地；还有一部分在海运仓，我就是在这里报到的，并学习、生活了一年多的时间，后来这块地方交给了北京市，成为北京市东直门中医医院所在地。

★ 1956 年，马绍孟于中国人民大学

我在上海工作期间，曾在复旦大学高考补习班听过课，也到过同济大学和华东政法学院，当看到中国人民大学的校园环境时，立刻感受到中国人民大学的校园建设同上述几所高校有差距。例如人大的校园建筑比较简朴：我们住的学生宿舍是旧平房，每室四五人至七八人不等；上课的大教室是清代海运仓的大仓库改造的；运动场较小，跑道只有 300 米，不够标准；等等。不过，中国人民大学虽然建设条件差一点，但学校的风气很正，党团工作比较到位，各项组织管理较为规范有序，学习、工作、生活有条不紊，勤俭节约、艰苦奋斗蔚然成风，人的精神面貌很好，继承和保持了来自老解放区的好传统。师生关系也比较融洽，不论多大名气的专家，都主动上台为学生讲课，课后还给学生辅导，和学生交流。例如，研究中共党史的著名专家何干之，他是我们的系主任，亲自为我们授课，虽然说话偶有口吃，但语言精练，思想深刻，有理有据，条理清晰，逻辑严谨，很受学生欢迎。

1958 年，国家曾计划按照苏联莫斯科大学的模式建设中国人民大学，校区选在东四一带，据说建设蓝图都有了，并在考虑征地和搬迁问题。可是后来国家进入三年困难时期，再加上中苏关系逐渐破裂，这个计划只好搁置，未能实现。

中国人民大学的前身是抗日战争时期 1937 年在延安成立的陕北公学，后来经过华北联合大学、华北大学等不同历史阶段，直到 1950 年组建成立中国人民大学。它具有光荣的革命历史和优良的传统。社会上有个比较流行的说法，称北京高校有四大巨头，即“人北清师”：中国人民大学、北京大学、清华大学、北京师范大学。中国人民大学被排在首位，因为它是新中国成立后中国共产党创办的第一所新型正规大学，党和国家领导人对它的重视程度非同一般。1950 年中国人民大学举办开学典礼时，刘少奇、朱德等党和国家领导人都来到现场，刘少奇还发表了重要讲话，指明了学校的办学方针。我们的老校长吴玉章，参加过辛亥革命，德高望重，无论在党内还是在党外，人家都非常崇敬他。

中国人民大学成立后，有若干专业聘请了苏联专家来讲学，并帮助有关学科的建设和发展。当时，我国是以苏联为首的社会主义阵营的重要成员。我们非常重视学习和借鉴苏联的经验。不过按照毛主席的一贯思想，我们虽然重视向苏联学习，但并非完全照搬照抄，而是结合中国国情和实际情况，立足于解决中国的实际问题。1956年我考入中国人民大学时，不少苏联专家已经陆续回国了，但他们编写的教材和讲义，仍被不同程度地采用了若干年。我在哲学系读研究生时，就曾参阅过中国人民大学出版社出版的苏联专家凯列编写的马克思主义哲学经典著作辅导读物。

2. 学海无涯

我当年考取的是中国人民大学历史系马列主义基础专业。1958年，历史系的中共党史专业和马列主义基础专业，分别成立中共党史系和马列主义基础系。马列主义基础专业后来改名为国际共产主义运动史专业，这个专业在我校是1956年第一次招收本科生的。我毕业时，系的名称改为马列主义政治学系，后来又几度更名，变为现在的国际关系学院。读大学后，我在一种全新的环境下学习和生活，抱着强烈的求知欲望，如饥似渴，精力充沛，全身心地投入到学习之中。

我们学习的内容比较丰富。课程是按照德智体美全面发展的要求和专业的特点来设计的，大致可分为公共课、专业基础课、专业课和社会实践课几大类。公共课主要有思想政治理论课，包括哲学、政治经济学、科学社会主义、国际共产主义运动史和中共党史，还有体育、古代汉语、现代汉语、外语（主要是俄语）、形式逻辑等；专业基础课有中国历史、世界历史、苏联历史，以及上面提到的几门政治理论课；专业课主要学习国际共产主义运动史，包括研读马克思、恩格斯、列宁、斯大林、毛泽东等革命领袖的经典著作；社会实践课包括参加体力劳动、搞社会调查等。社会实践课在当年是很受重视的，“教育与生产劳动相结合”被写进了党的教育方针。

学习是紧张而有序的。虽然所学课程很多，但我觉得自己还有潜力，于是除了必修俄语外，大三时又选修了英语，每天的时间被安排得十分紧，早起跑步做操、背外文单词，白天上课或自习，下午四点后锻炼身体，晚上自习，周末假日也往往钻进图书馆，一待就是半天或一天，总觉得有看不完的书、学不完的知识。

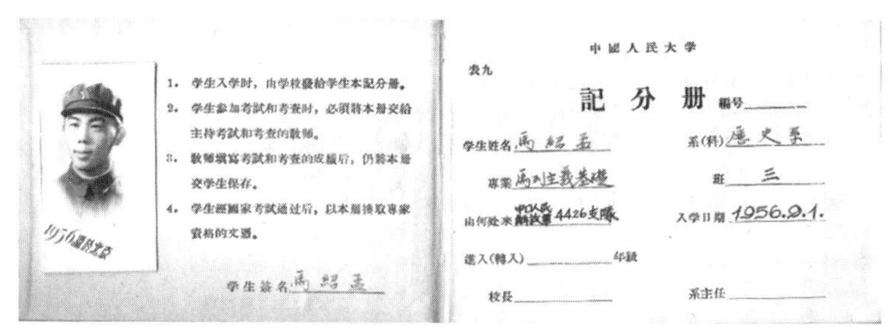

1. 學生入學时，由學校發給學生本記分册。
2. 學生参加考試和考查时，必須將本册交給主持考試和考查的教師。
3. 教師填寫考試和考查的成績后，仍將本册交學生保存。
4. 學生經國家考試通过后，以本册換取專家資格的文憑。

學生簽名 馬紹孟

中國人民大學

表九

記分册 編号

學生姓名 馬紹孟 系(科) 歷史系

專業 馬列主義基礎 班 三

由何处來 中国人民解放軍4426支隊 入學日期 1956.9.1.

進入(轉入) 年級

校長 系主任

★ 1956—1960 年，马绍孟的中国人民大学本科记分册

在学习文化知识、科学知识的同时，我们还要接受形势政策和优良革命传统方面的教育。学校有时请中央有关部门领导来校做形势政策报告。学校领导或名师常常给学生讲校史，强调要发扬我校从陕北公学以来经过长期实践形成的坚定正确的政治方向和实事求是、理论联系实际、艰苦奋斗、民主团结、开拓进取等优良传统，这是中国人民大学引以为豪的精神财富，一定要始终坚持和发扬下去，才能够站在时代的前列，服务于革命和建设的需要，为国家和人民做出更大的贡献。

中国人民大学的许多著名专家学者始终坚持在教学、科研第一线，给我留下了深刻的印象。如党史专家何干之、胡华，哲学家萧前、李秀林、陈先达、庄福龄、汪永祥，历史学家戴逸，科社和共运史专家许征帆等人，都给我们讲过课，或做过辅导。他们知识渊博，功底扎实，学

养深厚，能够听他们的课，得到他们的指导或辅导，是一件幸事，受益终身。

1956年中国人民大学招生规模扩大较多，但师资有限，上课的教室也比较紧张。我们历史系的新生约650人，我所在的专业约有350人，很多课程只能安排上大课，课后再分班讨论，或安排老师个别辅导。教学秩序有条不紊。

我们的专业知识教育同思想政治教育是密切联系、融为一体的，因为所学的课程很多属于马列主义基本理论。通过学习马克思主义的经典著作，学习马克思主义哲学、政治经济学和科学社会主义，学习国际共产主义运动史和中国共产党的历史等，能够帮助我们树立马克思主义的世界观、人生观和价值观，培养为社会主义和共产主义事业奋斗的理想信念。接受这些教育，为我在大学期间申请加入中国共产党奠定了较为坚实的思想基础。

3. 文体活动

我比较重视德智体美等方面的全面发展，在努力学好各门课程的同时，积极参加文体活动。首先是坚持体育锻炼，每天早上和下午4点以后都要到操场上做操或跑步。我还参加学校田径代表队短跑组的训练，在1959年全校学生田径运动会上获得400米跑冠军和200米跑亚军。其次是文娱活动方面，我在中学的时候就自学吹笛子和拉二胡，当然水平很低。上大学后，我们班上姜大为同学胡琴拉得非常好，我常向他学习，水平有所提高。后来我参加学校学生文工团的活动，在文工团乐队里面拉低音胡琴，算是凑个数吧。

★ 1957年，获系运动会4×100米接力比赛冠军（左起：陈杏生、赵中鑫、马绍孟、许雅希）

★ 1957年，班级荣获历史系田径运动会总分第一（前排手持锦旗者为马绍孟）

★ 1959 年，国庆节天安门前联欢（前排右二拉二胡者为马绍孟）

大学生活丰富多彩，几乎每个周末都会举办交谊舞会。我原来对交谊舞一窍不通，后来跟同学学习，也能跳一点。每逢节日，学校有的领导也会参加舞会，和学生一起跳舞。那个年代，从中央到地方，喜欢跳交谊舞的人很多。众所周知，毛泽东、周恩来等中央领导也常常以这种活动来放松身心。

1958年，中国人民大学学生文工团集体创作了《教育方针大合唱》，并在天桥剧场演出过。这项活动是为宣传党中央提出的“教育为无产阶级政治服务，教育与生产劳动相结合”的教育方针而组织的。这个教育方针后来有新的发展和表述。

1958 年以后，人民公社化运动蓬勃开展，学校文工团于 1960 年创作了《人民公社大合唱》，在北京多家剧院演出。中央乐团著名指挥家李德伦曾应邀到中国人民大学文工团做指导，对我们帮助很大。《北京日报》发表评论，对这个大合唱给予很高的评价，标题是《唱出时代的最强音》。

我从入学到毕业四年中，曾担任学生会班主席，有时也称班长，这是由全班同学民主选出的。我的主要任务是组织同学们参加文娱体育活动和劳动。班上日常管理工作还有其他分工，负责学习的有学习委员，负责生活事务的有生活委员，大家各负其责。所有这些工作，都是在班党支部的统一领导下开展的。我努力做好本职工作，积极为大家服务，得到同学们的认可。回头看，往日青葱岁月，精力充沛，朝气蓬勃，学习、劳动、参加文体活动，都很有干劲。

4. 社会实践

大学期间，我们参加社会实践和生产劳动较多，在农忙季节，常到京郊农村拔麦子、割稻子、收高粱和玉米等，还风风火火地投入“大跃进”、人民公社化运动之中。记得我们在参加修建十三陵水库时，劳动强度很大。我当时担任一个突击小队的队长，每天推着独轮车，车上装满石子，有四五百斤重，沿着上坡路，竭尽全力将其运到水库大坝上。由于太重，有的车轮都被压变形了，不得不更换新车。

★ 1958 年，修建北京十三陵水库时的劳动突击小队（后排左五为马绍孟）

除了用车推，我们还用小扁担挑着簸箕，里面装满石子，然后一路小跑，到坝坡上面将石子卸下。就这样，不停地跑来跑去，上坡下坡，干一天下来，好像骨头都要散架了。我们住在工地附近农民家里，晚上要开总结会。我作为小队长主持会议，有时开着开着，有些同学就打起呼噜了。一天干到晚，极度劳累，大家上炕就睡着了。年轻力壮的小伙子们，不仅能干活，也能吃饭，三四两重一个的窝头，一顿饭少则吃一两个，多则三四个。

最集中的一次劳动和社会实践是1958年全系师生都下放到了河北省遵化县，也就是清东陵所在的那个县。遵化县有一个王国藩，带领个体农民组织农业合作社，发挥集体优势，经过艰苦奋斗，提高了生产力水平，朝着集体化、共同富裕的方向迈进。这一做法，受到毛主席的肯定，并被树立为全国开展农业合作化运动的典型。我们到那里劳动锻炼，是系主任云光同志联系的，据说他在革命战争年代曾经在遵化县任职。我们到达遵化县时，人民公社化、“大跃进”、大炼钢铁的运动正在如火如荼地进行。我们以班为单位，分别下到各个公社或村庄，住在农民家里，与农民一起劳动，或下地干活，或建小高炉炼铁，也常常组织学习讨论，这叫半工半读。我们在遵化县一共待了十个多月，1959年春才回学校。

★ 1958年，马绍孟在河北省遵化县农村

★ 1958 年，同学们在河北省遵化县劳动时和农民在一起（后排左一为马绍孟）

★ 1958 年，在河北省遵化县半工半读时同学们在学习（左三持笔者为马绍孟）

一群年轻的学生，怀揣改变中国比较贫困落后现状的良好愿望，响应党中央的号召，积极投身到人民公社化和“大跃进”的运动中。这些运动已被事实证明是严重“左”倾错误造成的，不按客观规律办事，存在“共产风”、浮夸风、瞎指挥风等现象，给生产力造成了一定的破坏，使国家和人民遭受重大损失。不过青年学生参加了社会实践，接触到农民群众，了解到实际的国情，从这个角度看，我们还是经受了锻炼。当然，校内的课堂教育、书本知识学习，确实受到了一些影响。

中国近代以来的历史证明，知识分子成长的必由之路是学习马克思列宁主义，同工农群众相结合。脱离实践，远离劳动群众，是不可能具有和劳动人民同甘共苦、同呼吸共命运的情感，并树立为劳动人民服务的观念的。因此，我们对于在遵化参加社会实践和劳动，要辩证地看待，就如同后来知识青年上山下乡一样，是特定历史条件下的产物。

我读大学的几年，政治运动较多，例如：1957 年的反右派斗争，1959 年的“反右倾”运动，还有 1960 年前后的中苏大论战、反对苏联修正主义的斗争，等等。我经历五年多的军旅生活，养成了严格的组织纪律观念，在重大的政治运动中，都采取谨慎的态度，坚信党的领导，一切按照党的要求执行，因此，没有出现什么大的问题。作为青年学生，在多数情况下，我们都是接受教育，参加学习讨论，提高认识，领会中央的精神。当然，个人也有一些经验教训值得总结。

1957 年的反右派斗争，中央已有定论：坚决反击了极少数资产阶级右派分子向党和社会主义制度发动的进攻，因而是完全正确和必要的；但是反右派斗争被严重地扩大化了，把一批知识分子、爱国人士和党内干部错划为“右派分子”，造成了不幸的后果。我们班的王犁钢同学就是在运动后期被错划的对象之一。上大学之前，王犁钢同学和我有过相同的经历，十六七岁时就参军入伍，赴朝作战，成为光荣的志愿军战士。在前线，他的耳朵被炮弹震得有点聋，听力较差，同人交往受到一定影响。上大学以后，王犁钢同学学习努力，为人本分、朴实，看上去好像性格内向，脾气有点倔强。他有写日记的好习惯，日记中包括一些对人生、世情的看法，随见随想随记，不可能经过深思熟虑和加工雕琢。反右派斗争后期，组织上号召向党交心，王犁钢老老实实地交出自己的日记。他万万没有想到，日记内容被断章摘句，加以曲解，无限上纲，因此他被划为“右派分子”。王犁钢同学虽然在毕业前就被摘掉“右派分子”帽子，但这顶帽子给他和他的家庭带来的不幸后果，有些是难以消除的。

5. 入党

大学期间，我在各方面对自己要求比较严格，力求做到听党的话，认真学习，努力工作，谦虚谨慎，处理好同学关系，积极参加学生社团活动、文体活动、社会实践和劳动等，曾担任学生会班主席和共青团支部委员，政治上和思想上是积极向上、要求进步的。1960 年 7 月，我申请加入中国共产党，经过班党支部大会讨论通过、上级党组织批准，终于成为一名中国共产党预备党员，一年后转为正式党员。入党以后，我更加明确了终生为共产主义事业奋斗的目标。从中学加入新民主主义青年团到大学加入中国共产党，我的政治生命不断被注入新的内涵和活力。

我的入党介绍人有两个：一个是郑静英，她是班上党支部组织委员，工人出身，学习努力，工作勤奋，待人诚恳，毕业后分到复旦大学当教师，后来调到浙江宁波市委党校工作，至今我们仍保持联系；另一

★ 2006 年 10 月，马绍孟同两位入党介绍人郑静英（中）和邓遐龄（右）于杭州

个是邓遐龄，他认真学习，勤于思考，思想活跃、敏锐，毕业后当过中学校长，后来从江西南昌广电局局长岗位上退休，至今我同他也保持着联系。

我还得说一下我们班的党支部书记龚兴，他年纪比我大几岁，入学前曾是公安局基层干部，有工作经验，为人正派、稳重，待人处事很坦诚。在我入党前，他找我谈过话，给了我不少启发和帮助。另外，党支部委员李凤兰、党支部青年委员兼团支部书记张湘霓，都给过我一些支持和帮助。改革开放以后，我们班同学有五六次聚会，大家追忆同窗往事，交流人生感悟，进一步加深了友谊，也丰富了老年生活，带来了无穷的乐趣。

6. 读研究生

在我大学本科毕业时，哲学系研究班扩大招生，希望从本校国际共运史专业和中共党史专业保送几位应届本科毕业生到该系读研究生，因为一是哲学系1956年入学的本科生，学制定为5年，当年没有毕业生，二是想通过吸收部分其他专业的本科生来读研，增强读研学生的综合基础素质，有利于哲学学科的未来建设与发展。经学校同意，我所在的马列主义政治学系，通过考察遴选，最后将我和陈柏灵、张殿英、毋德印等四位同学，直接推荐保送到哲学系研究班读研，学制三年。这届哲学系研究班共招收150余人，绝大多数是全国各高校从事马克思主义理论课（主要是马克思主义哲学课）的教师，少部分是理论宣传岗位上的干部，年龄、教龄（或工龄）都有不小差别，专业背景学文、理、工、农、医的都有，他们是工作单位选送来的，毕业后基本上都回原单位工作。

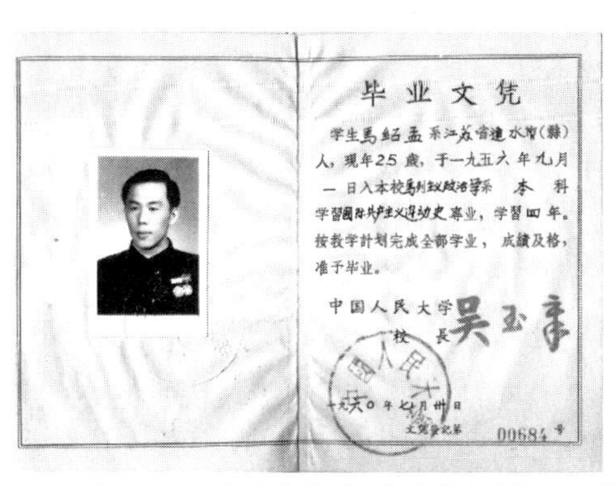

毕业文凭

学生馬紹孟系江苏省漣水市(縣)人，現年25歲，于一九五六年九月一日入本校馬列主义政治学系 本科学習國际共产主义運动史專业，学習四年。按教学計划完成全部学业，成績及格，准予毕业。

中国人民大学
校長 吴玉章

一九六〇年七月卅日
文凭登記第 00684 号

★ 1960 年 7 月，马绍孟的中国人民大学本科毕业文凭

★ 1960 年，马绍孟的中国人民大学本科毕业照

本科阶段，由于参加社会实践和生产劳动、搞政治运动占去不少时间，仅在遵化县农村就住了十个月多，因此，我们真正能集中精力踏踏实实坐下来上课、读书学习的时间就减去了不少。这种情况，在哲学系读研究生阶段，有了不少改善。除上课外，按照教学计划的要求，我能够静下心来研读若干马克思主义经典著作，其中马克思、恩格斯、列宁、斯大林、毛泽东的主要哲学著作都是这段时间集中学习的。老师一本一本地在课堂上讲授，学生在课后阅读、讨论，有疑难问题安排辅导，学得比较细，占用的课时量较多，例如恩格斯的《反杜林论》一书，老师就讲了五六十课时，这反映了中国人民大学对马列经典著作课高度重视的好传统。除了研读马列经典著作外，我们还学习了中国哲学史、外国哲学史、自然辩证法、辩证逻辑等。给我们讲授马克思主义经典著作和其他课程的老师，许多人后来都成为学有所成的哲学界权威或名流。我有幸聆听他们的讲授，受益良多。这三年，我认真地读了一些

马列经典，为以后的工作和研究奠定了一定的基础。

★ 哲学系研究班 1960 级部分同学 60 年代初于中国人民大学，左一为马绍孟

在我看来，高等学校要培养合格的马克思主义理论工作者，包括马克思主义理论课的教师，必须让其比较系统地认真学习和研读马克思主义基本经典著作，原汁原味地从理论上了解马克思主义的基本原理及其来龙去脉，努力掌握马克思主义发展的规律性。当然，坚持贯彻理论联系实际的方针也是极其重要的。

在我读研期间，国家正处在三年困难时期。“大跃进”和反右扩大化的错误使生产力受到一定程度的破坏，再加上苏联政府背信弃义地撕毁合同，我国国民经济发生严重困难，人民生活受到不小的影响。在本科阶段，我是学校田径代表队的运动员，一个月的粮食定量相对要多些，基本上是可以吃饱饭的。到哲学系研究班以后，粮食定量普遍降低，我的一个月粮食定量 34 斤，这在当时算是比较高的，但依然不够吃。

学校采取很多措施应对这种情况。1960 年秋天，校园里的杨树叶子落了一地，学校组织我们把叶子扫起来，洗净碾碎，掺到玉米面里，放到蒸笼上蒸，蒸熟后的食物叫作“叶蛋白窝头”。这是一种戏谑的说法。蒸出来的窝头黑乎乎的，个头看起来不小，为了充饥，吃起来的口感和营养就顾不得了。

粮食不够吃，糖、油、肉和其他各种副食都限量供应，因此饥饿感与日俱增。我作为 20 多岁且曾是校田径队运动员的青年人，尝到这种饥饿感，真不是滋味。1960 年冬天，我得了浮肿病，脸上、腿上一按一个坑。为了减少运动量，有段时间我除了上课和到食堂吃饭，都躺在宿舍里看书，尽可能少下床活动。这个阶段，我的健康难免受到了一定的影响。

1961年，我利用寒假时间回了一趟老家。虽然“大跃进”运动后，生产在某些方面受到一定的影响，但苏北在1958年大兴水利工程，疏浚河道，灌溉农田，解决了该地区以前“下雨就涝，不下雨就旱”的痼疾。可以说1958年“大跃进”中兴修水利，使我的老家苏北涟水，遍地沟渠纵横，旱地改水田，种的庄稼由小麦、玉米、高粱等改为水稻，产量明显提高。那次回家，我没有感到家里有太多困难，粮食是基本够吃的。母亲知道我在学校挨饿，给我做了一些烧饼，煮了几块熟肉，让我带到学校去吃。但这显然是不能从根本上解决问题的。

我当时是班里的生活委员，根据学校要求，为了减少饥饿，要“见缝插针”、种瓜种菜，我组织全班同学劳动，在我们住的东风二楼南侧围墙内划分的十多平方米土地上种了菠菜，收获颇丰，都交给了学生食堂。

读本科时，作为调干生，我的助学金比一般的青年学生多，每个月有25元，而青年学生最高只有16元。我们每个月都要向食堂交伙食费，中灶15元，大灶12.5元。我吃的是大灶，每个月除去伙食

★ 20世纪60年代初，马绍孟于中国人民大学

费还剩下 12.5 元作为零花钱，购买生活和学习用品，偶尔置办一两件衣服。读研究生时，我的调干助学金有所增加，每月 42 元。大学七年，我穿的衣服大都是从部队带回来的。家中的经济条件虽然有所好转，但两个妹妹要上学，我尽量节约开支，将余下的钱给家里寄回去。总而言之，大学几年，我保持和发扬了老解放区和部队的艰苦奋斗精神。研究生毕业后，我留校当了教师，这成为我以后终生的职业。

7. 又红又专

上大学期间，我听过许多老师讲课，接受他们的指导或辅导，发现他们身上有一些共同的优点，最突出的就是坚持教书和育人的统一、治学和为人的统一。

哲学社会科学的许多学科，特别是马克思主义理论学科，知识体系和价值体系是统一的、融为一体的。教师们在传授知识的同时，也给学生传授科学的世界观、人生观和价值观，传授正确的政治理念，要求学生不但要认真学习和掌握所学课程的科学知识，还要真心实意地用它来武装头脑、指导实践，运用正确的立场、观点和方法去分析、解决实际问题，在改造客观世界中改造主观世界，坚定理想信念，成为社会主义事业的合格建设者和可靠接班人。

为此，老师们坚持以身作则，坚持治学和为人的统一。我深刻地感受到，许多在学术上有所建树的名师，他们不但刻苦努力，严谨治学，甘于寂寞，不怕坐冷板凳，学问扎实，功夫深，底子厚，而且政治立场坚定，思想觉悟高，是非观念强，忠诚党的教育事业，全心全意为人民服务，具有高尚的道德情操和精神境界，不愧于为人师表。这种态度和精神，值得我倾尽毕生的努力去学习、坚持和遵循。

近些年，在学术界有一种急功近利、浮躁不实甚至不择手段追名逐利的现象，这是非常要不得的。我们应当向许多学界前辈学习，把好传统、好作风、好学风继承下来，发扬光大。科学的道路并不平坦，成就和名分不是吹出来的。科学的顶峰，永远留给那些实事求是、不畏艰险、勇于攀登的人。

中国人民大学在马克思主义理论教学中，经过长期实践，形成和积累了丰富的经验，其中有一条叫作坚持“三基本”，即基本知识、基本理论、基本技能。“三基本”相互联系，具体体现在各个专业的培养方案及其教学实践之中。我的初步认识和理解是这样的：

所谓基本知识，主要指基本的专业知识、专业基础知识，以及必备的人文、社会、科技等方面的知识。我们哲学专业不但要学好马克思主义哲学原理，还要学习中国哲学史、外国哲学史、逻辑学、伦理学、自然辩证法等课程，学习政治经济学、国际共运史、中共党史、科学社会主义等知识，尽可能将基础打得扎实些。有了扎实的基础知识做支撑，专业水平才有可能不断地提高、发展和创新。我们学校很重视和提倡名家大师给学生上基础课，这是非常好的做法。

所谓基本理论，在马克思主义学科，主要指马克思主义三个组成部分的基本理论，即哲学基本原理、政治经济学基本原理、科学社会主义基本原理。马克思主义具有严整的科学体系，它的三个主要组成部分及其各项基本原理有内在的、必然的联系，不能随意割裂。概括地说，马克思主义哲学是整个马克思主义世界观、方法论基础，科学社会主义是马克思主义的核心内容，政治经济学是马克思主义的主要部分，这三个组成部分是统一的、有机的整体。列宁曾经说过："在这个由一整块钢铁铸成的马克思主义哲学中，决不可去掉任何一个基本前提、任何一个重要部分，不然就会离开客观真理，就会落入资产阶级反动谬论的怀抱。"列宁的这一论述，同样也适用于整个马克思主义。

要学好基本原理，必须认真研读经典著作。马克思主义各项基本原理存在于经典著作之中，我们平常所见到的马克思主义基本原理教材，其理论体系是经过理论家们系统化加工而成的。经典著作是真正的理论源头。认真研读经典著作，可以原汁原味地了解马克思主义，这是必不可少的步骤。

要学好基本原理，还应当学习马克思主义发展史，掌握马克思主义理论体系及各项基本原理发展的历史进程和发展的规律性；学习近、现代历史和国际共产主义运动史，了解马克思主义基本原理提出的历史条件和背景，认清马克思主义是怎样不断回答时代新课题、总结工人运动实践新经验而将理论向前推进的。工人运动的实践是马克思主义发展的源头活水，是马克思主义永葆蓬勃生机和活力的根基与动力。

所谓基本技能，对于马克思主义理论专业的学生，最重要的是要学会如何运用马克思主义的立场、观点和方法，去分析和解决实际问题；要培养深入实际、联系群众、进行调查研究的能力；还要学习和不断提高科学的思维和表达能力，学会利用现代信息工具和科技手段来提高学习、研究和工作的效能。

重视"三基本"的教育和培养，是重视学生基本素质教育的重要内容。这方面的基本功练好了，今后才能有发展的潜力。很多中国人民大学毕业的学生，多年后回到学校，谈起自己的心得时，都会涉及"三基本"的内容。通过接受"三基本"的教育，他们树立了正确的世界观、人生观和价值观，坚定了理想信念，奠定了未来发展的坚实基础，一生受用。

除了“三基本”外，我认为“全面发展、德育为先”也很重要。只有德智体美全面发展，才能避免“读死书”的情况出现。德育为先，最重要的是要树立正确的世界观、人生观和价值观，树立为人民服务、为社会主义服务，乃至为共产主义奋斗的理想信念。如果没有正确的理想信念，仅仅把知识当成谋生的手段，是远远不够的。读马列的书，如果不入心不入脑，甚至根本就不信马列，那就谈不上成为社会主义合格的建设者和可靠接班人了。毛主席当年对知识分子包括青年学生提出“又红又专”的要求，非常正确。红，强调的是政治和思想品德；专，指的是专业知识和专业技能。红和专辩证统一，红是灵魂，核心是要解决好为谁服务的问题，否则，学习再多知识，也很难发挥应有的作用。

第六章 从教生涯

1. 助教

1963年7月，我从中国人民大学哲学系研究班毕业，留校在哲学教研室工作。留校后，我奉命先到哲学系党总支，在总支书记舒天巩、副书记余进的领导下，临时做一些具体工作。由于毕业生刚走，还有些资料需要整理，总支分配我帮助整理有关材料，时间不长。

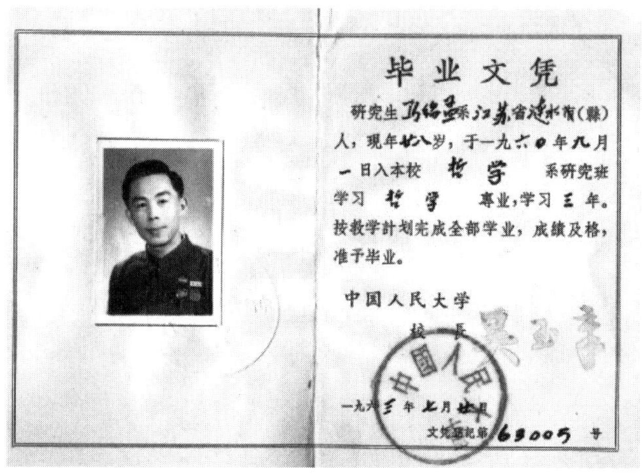

毕业文凭

研究生马绍孟系江苏省涟水市(縣)人，现年廿八岁，于一九六〇年九月一日入本校哲学系研究班学习哲学專业，学习三年。按教学計划完成全部学业，成績及格，准予毕业。

中国人民大学

校长 吴玉章

一九六三年七月廿日

文凭登記第63005号

★ 1963年7月，马绍孟的中国人民大学研究生毕业文凭

后来，我到了哲学教研室当助教。教研室主任是徐琳、副主任是庄福龄，分给我的具体工作是协助主讲教师李德良给学生辅导马克思的著作《路易·波拿巴的雾月十八日》。李德良老师做过我研究生班的班主任。给学生做辅导，有个别辅导和集体辅导两种形式。个别辅导指学生

事先准备好问题，写好交给我，我安排时间对他们提出的问题一一作答。集体辅导是针对班上同学一些带有共同性的问题，采取上课的形式进行。

从学生到教师这一角色的转换，对于初登大学讲台当助教的我而言，既感到高兴，又难免有点紧张。我给学生做辅导持的基本态度是认真准备，实事求是，对于学生提出的问题，知道多少就说多少，研究到什么程度就说到什么程度，相互交流，教学相长。经过认真准备，上完集体辅导课后，效果还算可以。

马克思的经典著作多产生于 19 世纪中期，距离 20 世纪 60 年代已有一百年左右的时间，涉及的历史事件、历史人物、历史典故等知识性问题很多，都需要查阅资料。对若干理论问题，也要认真思考和准备。我有时在课下和学生共同交流，一起探讨，赢得了他们的信任。我也主持学生的课堂讨论，每一次都要做出总结，进行点评。我还参加期末考试阅卷工作。

1963 年冬天，我第一次上讲台时，刚经过三年困难时期，穿着旧棉袄，袖子上面补了很大一块补丁。我没有手表，姐姐给我寄来一块旧怀表，便于看时间。当时个人的经济状况是，拿到工资不久，每月 62 元，维持基本生活没问题，但并不宽裕。

在承担教学任务之外，我们还要进行科学研究。1964 年，我第一次独立发表了一篇文章，刊登在内蒙古《实践》杂志上，文章题目是《透过现象看本质》。《实践》杂志是内蒙古自治区党委的机关刊物。当时除了中共中央的机关刊物《红旗》杂志外，各地省委都有自己的机关刊物。

2. 马列主义发展史研究所

20 世纪 60 年代初，中共和苏共两党关系因赫鲁晓夫推行修正主义和大国沙文主义路线而开始恶化，后来逐步上升至国家层面。中国面临同美、苏两个霸权主义国家做斗争的局面。为适应形势的需要，中央做出重要决策，在我国建立一批研究外国问题的机构。

★ 20 世纪 60 年代，马绍孟于中国人民大学

1964 年 6 月，经高教部批准，中国人民大学成立了两个研究所：马列主义发展史研究所和苏联东欧研究所。另外，复旦大学设立了西欧问题研究所，北京大学设立了亚非问题研究所，等等。据说，国际共产主义运动史研究所设在中央党校，但后来一直没搞起来。

中国人民大学为了组建马列主义发展史研究所，从各相关院系抽调了一批教师到研究所工作。马克思主义由三个主要部分组成，与之相应，研究所设立了三个研究室，即马克思主义哲学史研究室、科学社会主义史研究室和马克思主义经济学史研究室。研究人员分别来自哲学系、马列主义基础系、政治经济学系。马克思主义哲学史研究室的主任是徐琳、副主任是庄福龄。我作为助教也从哲学系调到了所里工作。学校对马列主义发展史研究所极为重视，所长由党委书记、主持工作的副校长郭影秋兼任；第一副所长由哲学系主任、校党委委员张腾霄兼任。

★ 1964年夏，中国人民大学马列主义发展史研究所马克思主义哲学史研究室的师生合影（前排左起：刘炯忠、庄福龄、徐琳、俞长彬；后排左起：陈先达、孙克强（研究生）、金羽、马绍孟、霍伟光、唐源昌（研究生））

★ 1996年10月，马绍孟同张琳（成仿吾校长夫人）、张腾霄书记（右）在庐山参加“成仿吾教育思想研讨会”

不久，学校将苏联东欧研究所、马列主义发展史研究所和语言文字研究所三个党支部合并成立一个党总支，总支书记为韩铭立，副书记为郭劳固。研究所成立之初，我们还没有分配具体的工作。1964年暑假前，大家都将原来的工作收尾。

3. 参加“四清”运动

20世纪60年代初全国开展农村社会主义教育运动。我从1964年9、10月到1965年5、6月，大约10个月时间，在湖南湘潭参加农村社会主义教育运动。社教运动也叫“四清”运动。所谓“四清”，开始是

“清理账目、清理仓库、清理财物、清理工分”。后来，“四清”运动的性质被定为是解决社会主义和资本主义的矛盾，工作中要抓阶级斗争这个纲，运动的重点是整党内那些走资本主义道路的当权派。中国人民大学去湖南参加“四清”的有二三百人，包括哲学系、计划系两个系和马列主义发展史研究所的师生，由校党委委员、哲学系主任张腾霄带队。中央农口负责人谭震林、中南局书记陶铸、湖南省委书记张平化都在湘潭地区蹲点，我们听过谭震林的报告。

★ 20 世纪 60 年代，马绍孟在北京郊区参加劳动

到湘潭县后，我最初分在易俗河公社下面的一个生产队，主要工作是调查农村基层干部是否有多吃多占等问题。我和计划统计系的杨爱群同学住在一户贫下中农家里，这家只有两兄弟，大的 19 岁，小的 16 岁，他们的父母已去世。我们与他们同吃同住同劳动，把当月的粮票都给了他们。这两个小青年不太会过日子，时间不长，粮食就不够吃了。不到一个月的时间，我和杨爱群同学就发生了浮肿，身体出现了状况，而且还要下地干活。

至于调查工作，就更不那么简单了。我查过生产队会计的账本。将账本收上来时，那个会计很紧张。不知什么原因，有天晚上，会计家的狗被土炸药炸死了。我听到爆炸声后，带了几个民兵进附近山上搜查。我当过兵，在朝鲜战场打过仗，胆量还是有的。当时虽说有民兵，但我们手里没枪，每人拿着一根木棍，在附近山上搜查了一片地段后，没有结果，便立即赶往大队工作组报告了情况。大队的同志听说后，出于对我们安全的考虑，经研究并请示上级领导同意，决定我和杨爱群同学晚上不住在那个生产队，工作在白天进行。过了不久，我被调离易俗河公社工作组，到梅林公社工作组，和我们马列所的庄福龄等同志在一起工作。

社教期间，我们大都住在经济条件差的贫下中农家里。其中的一户人家有三间房子，一间住人，一间拴牛或养猪，中间的一间用来活动。猪圈通常是在地上挖个坑，上面铺上若干条木板，猪在上面活动，粪便从木板缝掉入坑中，蓄积做肥料。不少人家都是人畜同住一栋房子。

当地的卫生条件比较差，我们感觉有些不习惯。例如有的村民习惯将马桶放在床头，里面的屎尿装满后才出去倒掉，屋子里面臭烘烘的。又如给麦田施肥时，有的农民将粪坑里的粪运到田间，然后用手一把一把地施放在麦苗旁边，这种做法可以说比较原始。我们去了之后，总是力所能及地建议或帮助他们改变一些不卫生的习惯。不过，要彻底改变农村贫困落后的面貌，还需要长期不懈的努力，要在发展经济的基础上，不断提高农村物质文明建设和精神文明建设的水平。

我们和农民一个灶吃饭，用南方人称之为钵子的东西装点米、放点水，在铁锅里蒸。吃炒菜的时候很少，我们平常就用干辣椒放到碗里，撒点盐，偶尔放点菜，上锅蒸一下就吃了。我不爱吃辣椒，吃多了身体也受不了。总体上看，生活是比较艰苦的。

农村社教运动对于解决一些基层干部工作作风和经济管理方面的问题，客观上起到了一定的促进作用，但因对形势估计过于严重，加之理论指导上有片面性，运动中发生过“左”的错误，导致一些负面的影响。但从我们个人角度来讲，能下到农村，感受农民的生存状况，与他们同吃同住同劳动，了解到改变农村经济、文化落后状况的艰巨性，这倒不失为一个难得的锻炼机会。

在参加湖南湘潭农村社教运动期间，我有机会第一次参观了韶山毛泽东故居，了解了毛主席的成长过程，进一步受到了革命传统的教育。

在中国共产党和毛主席的领导下，中国能够从半殖民地半封建的贫穷落后状态，发展到今天全国统一、人民当家作主并逐步走向繁荣富强的局面，真是很不容易，我们应该倍加珍惜。

湖南湘潭的社教运动结束后，我们于1965年夏天回到北京。随着中苏论战加剧，我们马列主义发展史研究所和苏联东欧研究所一道，承担上级下达的任务，收集苏联高薪阶层相关的资料，并将所收集的资料编写成《苏联高薪阶层形成大事记》，目的是研究苏联高薪阶层形成的过程及原因，依此作为论据批判苏联的修正主义错误。根据当时的认识，苏联修正主义的社会基础是苏联高薪阶层，即工人贵族阶层，他们脱离了群众，背弃了共产党代表工人阶级和广大劳动群众利益的宗旨。

研究所的领导还布置我们认真读一些马列主义书籍，特别是马列主义的基本经典著作，并开会交流读书心得和体会，着手进行马列主义发展史的研究，我觉得还是挺有收获的。但时间不长，一场席卷全国的政治风暴即“文化大革命”将要来临。

4.“文革”下放

1966年5月至1976年10月，中国经历了“文化大革命”这一全局性的、长时间的“左”倾严重错误，党、国家和人民遭到新中国成立以来最严重的挫折和损失。“文革”结束后，在“文革”中大批遭受迫害和冲击的干部、群众都得到平反和公正的对待。“文革”中发生的一切篡改历史、歪曲事实、颠倒是非、捏造罪名、无限上纲、残酷斗争、无情打击等乱象，被彻底否定。利用“文革”干坏事的林彪、江青反革命集团被送上历史的审判台。“文革”的教训被记取，党和国家重又走上正确的轨道。1981 年 6 月 27 日，党的十一届六中全会通过了《关于建国以来党的若干历史问题的决议》，对“文化大革命”这十年做了全面的分析和评价。时至今日，这个决议仍是我们分析和认识“文化大革命”的一个指导文献和统一思想的依据。

在这场运动中，开始阶段我被组织上调到中共中央华北局工作组在《北京晚报》工作了一段时间。工作组撤销后，我出去大串联，回校后参加保守派群众组织的活动。中国人民大学被迫停办后，从 1970 年到 1972 年两年多时间，我随大部分教职工被下放到江西省余江县“五七”干校劳动。在江西期间，上面有人曾考虑过要将大批的人大教师、干部长期留在江西，后因当时的江西省委主要领导认为人大的这批人有不少级别高、年纪大，还有病残的，单是承担这些人的工资就是个问题，所以拒绝接收。

★ 20 世纪 60 年代，马绍孟在中国人民大学教学楼前

1972 年，中央开展“批陈整风”运动，毛主席号召读马列主义的书籍。据说北京市委领导觉得中国人民大学有一批研究马列主义的老师还在江西，能够派上用场，因此于 1973 年下令人大在江西“五七”干校的干部、群众全部撤回北京。

回到北京后，中国人民大学尚未复校，我们教师、干部按照原先的建制，按系划分，分别被分到北京大学、北京师范大学、北京师范学院、北京经济学院等高等学校和其他市属单位。在此之前，已有少部分教师、干部被先期调回北京，分配到部分高校和市属单位工作了。

“文革”中我像许多人一样，也受到过冲击和错误的对待，但一切强加的、莫须有的罪名，都被彻底否定了。

5. 北大五年

1973年，我从江西“五七”干校回到北京，随马列主义发展史研究所分配到北京大学，在北大工作了五年。除了我们研究所，苏联东欧研究所、国际政治系、语言文字研究所、新闻系等也都分配到了北大。直到 1978 年中国人民大学复校，我们才离开北京大学。

在北大工作的头几年，“文革”尚未结束，政治运动频繁，先后发生了“批林批孔”和“批邓、反击右倾翻案风”等运动。我在北大那几年，觉得有一件事做得还稍有点价值，就是和北京大学中国哲学史的知名教授张岱年，还有楼宇烈、庄福龄及一批工农兵学员一起注释《荀子》。荀子被认为是先秦儒家的一个代表人物。《荀子》注释工作搞了很长时间。有段时间我们集体住在北京市委党校招待所，对注释逐条讨论。后来，参加注释的几位老师每天到中华书局去，和编辑一道修改定稿，最后由中华书局出版，书名叫《荀子新注》。我对中国古代哲学了解不多，古文底子也薄，倒是利用这个机会，好好地学习了古代文献《荀子》，并提高一点我的古汉语水平。《荀子新注》是服从于当时所谓“儒法斗争”需要的产物，但它作为一本带有知识性、工具性的书籍，还是有参考作用的。

我们从“五七”干校回京时，人大的房子已被“二炮”部队占了，大家费了很大的劲才在校园里挤占一处安身之地。我因和妻子一直两地分居，所以只分到红楼筒子楼一间 13 平方米的住房。我白天去北大上班，晚上用业余时间制定了一个学习计划，每天至少读 20 页书，不完成不睡觉。阅读的经典包括《马恩选集》《列宁选集》《毛泽东选集》，虽然以前有些文章不止一次地读过，但这次重读又有了新的收获。这对我以后的教学和研究工作，有不小的帮助。

1976 年粉碎“四人帮”，结束了“文革”动乱，国家开始逐渐步入正轨。1978 年，党的十一届三中全会召开，国家的工作重心从“以阶级斗争为纲”转移到以经济建设为中心上来，实现了历史性的转折，开启了社会主义现代化建设和改革开放的新时期。

6. 人大复校

我一生有三次大的转折：1951 年参加革命工作，从一名中学生转变成一名革命军人；1956 年考上中国人民大学，从解放军战士转变为一名大学生，接受高等教育，圆了多年的大学梦；1978 年党的十一届三中全会后，国家实行改革开放，为解放思想、施展才能创造了很好的环境和条件，我因此也有了后来的发展和进步。

1977 年 9 月，邓小平在《教育战线的拨乱反正问题》讲话中指出：“人民大学是要办的，主要培养财贸、经济管理干部和马列主义理论工作者。”邓小平英明果断的决策给中国人民大学的发展带来新的契机。经过多方协商和努力，老校长成仿吾和郭影秋一同向教育部提交复校报告，教育部又向国务院请示。1978年7月7日，国务院正式发文，同意恢复中国人民大学，并且明确规定了中国人民大学的办学性质和任务。

中国人民大学在1978年筹备复校的过程中，在国务院同意复校的正式文件下达前，就提前开始了恢复招生的工作，有些学生已经招进来了。由于人大的房子被“二炮”占了，学生只能在临时搭建的帐篷里上课，条件很差，但大家热情很高，教的和学的都非常认真。1978年7月11日，学校召开了2 000多人的师生员工大会，传达国务院关于中国人民大学复校的文件，校园里一片欢腾。7月26日，学校召开复校会师大会，原来被分到其他大学的老师纷纷回来。大家干劲十足，以只争朝夕的精神投入到复校工作之中。我跟随马列主义发展史研究所回到中国人民大学，开始了新的工作。大家抱有共同的想法，要把被“文革”耽误的十年抢回来，在各种物质条件极其困难的条件下，加倍地努力工作。

★ 20世纪80年代，霍伟光、陈先达、马绍孟、靳辉明、郑杭生于中国人民大学

由于很多房子被“二炮”占据，学生仍在帐篷内上课，因此学校不断地催促“二炮”交房子，可总是没有进展，学生的学习、生活受到很大影响。学生们群情激愤，到新华门前游行示威，要求“二炮”退房。“文革”刚结束，国家正在恢复正常秩序，安定团结是大局，有问题有意见可以向上级直至中央反映，上街游行示威显然是不对的。为此，上

级领导对人大学生游行示威这件事进行了严肃的批评。不过，中央因此了解到解决“二炮”退房问题的紧迫性。成仿吾老校长亲自去找了军委领导同志杨尚昆。经过各方面的努力，特别是邓小平同志亲自过问这件事，并做了批示，使“二炮”终于退回了所占的大部分房子，人大的教学秩序逐步地恢复了正常。

学校当时的住房很紧张，我住在红三楼13平方米的筒子楼里，和妻子、儿子、女儿、母亲一起，老少三代五口人，很拥挤。1976年4月，妻子已经从唐山开滦煤矿林西矿医院调到北京，母亲也从江苏老家来京照顾我的儿女。我居室的门口旁放了一个煤炉子，屋里有两张单人床，并在一起，有一个书架、一张写字桌、一个一米多长的木箱子，箱子侧放，里面和上面都能睡个孩子，还有一张小方桌、一把椅子、两个小方凳。我晚上睡在地板上，因地方小、太拥挤，半截身子只能伸到床底下。每当饭点，全楼层40多间房子，家家煮饭，整个楼道里烟气腾腾，混浊不堪。夏天很热，我在家看书写文章时，大汗淋漓，热得没办法，只好在脚下放盆凉水，脚踩在水里降温。这种日子，确实有点难熬。

就在我住房特别困难的时候，我对面的那间房子平常没人住，房主人是李文海。李文海原是人大清史所教师，当时任北京市委宣传部副部长，平常住在西苑他的岳父家里。我同李文海以前没有交往过，但知道他的名字。有一天在楼道里碰到他，我很冒昧地向他讲了我住房困难的情况，并提出借房的请求，说只借住十天半月的，待母亲回老家后即归还。他很痛快，立即答应，并将钥匙交到我手中。真是雪中送炭，我太感激了。没有多久，我母亲走后，房子立即交还。从此，我结识了李文海同志。后来，他成为人大的领导，我们合作共事多年，相互密切配合，结下了深厚友谊。

人大复校一年后，我的住房情况依然没有改善，周围许多同志非常同情我的境况，但无能为力。我曾找学校领导张腾霄副校长，请求帮助解决住房困难。张腾霄同志在百忙中抽空亲自到我家看了一下情况，深表同情，说目前学校各类用房都很紧张，确有困难，正努力设法逐步解决这些困难。他还说，我们可以先来两个人到他家里暂住，以解燃眉之急。他的话让我很感动，心里暖暖的。我很理解学校的困难，但我怎么能到他家住呢？先克服一下、将就一下再说吧。

张腾霄同志说的话是发自内心的。他是抗日战争时期参加革命的老同志，一向艰苦奋斗，坦诚待人，“爱兵如子”，受到大家的尊敬。60年代初，哲学系留校工作不久的单身青年教师霍伟光得了肝炎，当时是系主任的张腾霄同志让霍伟光住到他家里养病，请了一个保姆，既照顾自己的老父亲，也兼照顾霍伟光。许多同志议论说：这样的领导真是难得，我们党艰苦奋斗、关心群众、为民爱民的优良传统，值得永远地发扬光大。

当年的生活条件与现在比，根本不能同日而语，真有点不堪回首。大家都能切身感受到，自改革开放以来，我国发生了翻天覆地的变化，生产力快速发展，人民生活大幅度改善，国力显著增强，成就举世瞩目。虽然在改革和发展过程中还有不少困难和问题，但只要坚定不移地走中国特色社会主义道路，依靠党，依靠群众，经过努力奋斗，全面深化改革，各种困难和问题必然能够逐步解决。

★ 20 世纪 90 年代，马绍孟于中国人民大学家中

7. 科学研究

人大复校后，我的教学和科研涉及两个方向：第一个方向是马克思主义哲学史，主要研究马克思主义哲学产生和发展的根源、动力、过程及发展的规律性，总结理论思维的经验教训，推进马克思主义哲学学科建设，发挥马克思主义哲学的重要功能和作用。

第二个方向是马克思主义哲学和现代领导。我之所以研究这个方向，还要从 20 世纪 80 年代中期说起。1986 年，人大副校长罗国杰接到会议通知，请他参加第二次全国领导科学学术讨论会，他因工作繁忙，问我有无兴趣参加，我同意了。我时任学校科研处处长。领导科学在我国是一门新兴的学科，从 80 年代初期才开始有人研究。第二次全国领导科学学术讨论会是在武汉召开的。我参会后，觉得有收获，认为领导活动自古以来就有，不同时代有不同的内容和特点，应将其规律性的东西加以总结，特别是要认真总结中国共产党在革命和建设中的领导经验，以马克思主义为指导，立足现实，古为今用，洋为中用，发展创新，推进领导工作科学化。

此后，我对领导科学就有了兴趣，并且坚持参加相关的会议。我试图把马克思主义哲学的研究同领导工作实际结合起来，从哲学视角揭示领导活动的本质和规律，并以科学的世界观和方法论指导领导科学的研究。因此，我将这一研究方向冠名为马克思主义哲学和现代领导，叫领导哲学也是可以的。

★ 20世纪80年代初，马绍孟于昆明参加学术会议（左起：马绍孟、萧前、秦锡禹、李淮春）

我还一直参加中国领导科学研究会的筹备工作。经过多年的努力，该研究会终于在2003年正式成立。中国领导科学研究会挂靠在中央党校，会长是中央党校原副校长刘海藩，常务副会长有国防大学原副校长侯树栋、国家行政学院原副院长唐铁汉、中央党校原校务委员孙钱章，我也是常务副会长。中央党校、国家行政学院、国防大学、中国人民大学四家算是中国领导科学研究会的发起单位。

在科学研究方面，我的成果主要集中在以下几个方面：

第一，有关马克思主义哲学史。20世纪70年代末80年代初，我参加我国高校首部马克思主义哲学史教材——《马克思主义哲学史稿》的编写和统稿、定稿工作。该书是中山大学和中国人民大学马列主义发展史研究所组织若干学者集体编写的，对我国马克思主义哲学史的学科建设起了开创性的作用，曾获国家教委1988年高校优秀教材二等奖。80年代末，我参加中国马哲史学会组织许多学者集体编写的八卷本《马克思主义哲学史》第三卷的编写工作，该书获北京市第三届哲学社会科学优秀成果特等奖、中宣部颁发的“五个一工程”奖。90年代后期，我与杨焕章、谢淀波合作主编和撰写了《列宁哲学的理论和实践》，该书较为集中地反映了我从事列宁哲学思想和普列汉诺夫哲学思想研究的成果。

★ 20 世纪 80 年代初，马绍孟、庄福龄、唐源昌于广州

第二，有关马克思主义发展史。1987 年，我与许征帆、刘炯忠、成保良、李鹏程等人合著出版了三卷本《马克思主义学说史》，由许征帆负责策划和定稿。该书集中论述了马克思恩格斯的思想，内容和资料较为丰富。1985 年，在科研处工作期间，为纪念恩格斯逝世 90 周年，我组织校内多名专家集体编写了一本研究性著作——《恩格斯和马克思主义》，我是组织者和定稿人之一。1988 年，我与他人合著出版了《马列主义发展史讲话》，该书获全国通俗政治理论读物鼓励奖。2009 年，我与他人合著出版了《马克思主义发展史话》，该书 2010 年被评选推荐为全国第二届优秀通俗理论读物之一。1983 年 3 月，应《解放军报》之约，我组织校内学者撰写了一组纪念马克思逝世 100 周年的文章在该

★ 2001 年 11 月，马绍孟在广州中山大学参加学术会议（前排左四为马绍孟）

报发表，其中我撰写的有《人类思想史上的伟大创造——马克思主义是怎样产生的》、《曲折前进的一个多世纪——马克思主义在同工人运动相结合中的发展》和《亚洲新纪元的曙光——“五四”运动前后马克思主义在中国的传播》等。

第三，有关马克思主义中国化。我陆续发表了有关毛泽东思想、邓小平理论、“三个代表”重要思想以及科学发展观等内容的若干篇论文。90年代初，我组织校内若干专家合作编写了《坚持社会主义 反对和平演变》和《学习邓小平同志南巡重要谈话》两本书。

★ 1993年10月，马绍孟参加全国毛泽东领导思想研讨会
（右起：田夫、马绍孟、赵培义、胡彬）

第四，有关领导科学。我陆续发表了《领导活动规律研究中的方法论问题》、《领导学学科体系研究》和《领导科学研究的回顾与展望》等多篇论文。我参加中共中央组织部颁布的《党政领导干部公开选拔和竞争上岗考试大纲》的起草、讨论和修订工作（主要参与管理和领导学部分），并主持和参与该大纲学习读本中管理和领导学部分的起草与修改定稿工作。经过多年的研究和努力，我组织带领几位学者（我指导过的博士），坚持以马克思主义为指导，坚持历史和现实的统一、理论和实

践的统一，于2013年编写出版了一本综合性、系统性比较强的权威问题专著——《权威论纲》。从目前已接触到的资料来看，国内外在这个问题上进行系统、综合研究的专门著作是很少见到的。此外，本着学习领导科学、实现科学领导的精神，为做好高校领导工作，从理论同实际的结合上，我针对高校改革发展中的一系列重要问题，如党的建设、思想政治工作、思想政治理论教育、教学科研管理工作等，陆续发表了若干篇论文，这些论文具有较强的时代感和现实性。

★ 2010年11月，马绍孟于无锡，同领导科学界的朋友合影
（左起：那仁敖其尔、罗海藩、马绍孟、孟继群、李光炎）

我在科学研究中，强调关注三个前沿，即实践前沿、理论前沿和学科前沿，遵循“老祖宗不能丢，又要说新话”的原则，坚持解放思想和实事求是的统一，坚持马克思主义科学性和革命性的统一。

我和很多人合作写过东西，充分认识到在科学研究中合作精神、团队意识的重要性。坚持虚心向他人学习，特别是在名利问题上一定要采取谦让的态度，这是我历来遵循的原则。

8. 教学概况

我在校内外给本科生、硕士研究生和博士研究生以及多种层次与类型的教师或干部培训班讲授过下列课程和专题：马克思主义哲学史或马克思主义哲学史专题研究、列宁哲学思想、普列汉诺夫的哲学思想和伦理思想、马克思主义史方法论、领导科学或领导哲学专题等。

我的主要研究方向是马克思主义哲学史与马克思主义哲学和现代领导。20 世纪 80 年代，领导科学在中国兴起并不断发展，社会上对领导科学研究人才的需求逐步增加。为适应这一需要，从 90 年代初期开始，经过必要的程序，我将领导科学列入了博士生的培养方向。由于领导科学尚未纳入国家学科专业目录，因此只能在马克思主义哲学专业名下设立一个马克思主义哲学和现代领导的研究方向，从哲学视角来研究探讨领导活动的规律。在这个方向之下，有的学生研究领导哲学问题，如领导观、领导方法、领导思维方式等，更多的学生相对集中研究权威问题，写出十多篇关于权威问题的博士论文，如马克思主义权威观、马克思恩格斯的权威思想、领导权威、企业领导权威、政府权威、政党权威、领袖权威、组织权威、制度权威、法治权威、真理权威、意识形态权威、近现代西方权威理论等，其中有四五篇博士论文经过作者的补充修改，已经陆续作为专著出版了。我指导有关领导科学方向的博士生，在国内高校算是首创。目前，我的学生已经有一些是教授和博士生导师，也在招收和指导有关领导科学研究方向的硕士生和博士生，不断地为领导科学培养与输送高层次的人才。2005年6月，我应邀赴韩国光州全南大学讲学，给该校高级公务员培训班介绍中国领导科学研究的历史和现状，并同该校的部分教师和学生进行了学术交流。

★ 2003年底，马绍孟同博士生汪世锦交谈

★ 2009年6月，马绍孟同博士生高德明（左一）、陈亮（左二）、隋学礼（右一）于时雨园家中

我在教学工作中，重视发扬中国人民大学的好传统、好学风，强调抓好三个基本，即基本理论、基本知识和基本技能，要求学生认真阅读马克思主义基本经典著作，掌握马克思主义的立场、观点和方法，深刻领会马克思主义理论和实践相统一、继承和创新相统一、科学性和革命性相统一等本质特征，强调学习马克思主义的目的全在于应用。我先后指导硕士研究生8人、博士研究生18人、博士后4人。2013年，我已进入80虚岁，最后一个博士生毕业，从此，我就不再承担教学任务了。

★ 2005年3月，马绍孟指导的博士后樊勇（右一）出站报告评审会，于中国人民大学马克思主义学院

我的学生中有15人获得了高级职称，7人为教授，有的已经担任博士生导师；在党政工作岗位上，有5人担任局级干部，10人担任处级干部；有的在公司和企

业工作，进入高级管理层。有些局级干部和处级干部同时也是教授或者副教授，这方面的统计数字有些交叉。他们在各自的岗位上发挥了重要的作用。很多已经工作的学生，回忆在中国人民大学这段经历时都一再强调：当年所学到的知识，为日后的工作、未来的发展，奠定了很好的基础。

9. 几点体会

我从事多年教学、科研工作，有几点粗浅的认识和体会。

第一，坚持原则，把握好方向。高校肩负培养社会主义事业合格建设者和可靠接班人的历史重任，也是学习、研究和宣传马克思主义的重要阵地。我们在高校工作的教师，许多任务都会涉及宣传、科研、教学三个相互联系的重要方面。这就要求我们应正确把握宣传有纪律、研究无禁区、教学有规范的原则。宣传有纪律说的是宣传工作必须同党中央保持高度一致，不折不扣地贯彻中央的大政方针，做到旗帜鲜明，导向正确，坚持党性和人民性的统一。研究无禁区说的是科学研究要坚持正确的政治方向和理论指导，在学术问题上提倡自由讨论，营造民主氛围；要解放思想、实事求是，百家争鸣、百花齐放，大胆探索、勇于创新，坚持真理、修正错误；要善于批判继承和汲取古今中外一切有价值的思想文化成果，敢于并善于同各种错误思想进行斗争。教学有规范说的是教学内容必须符合中央或教育主管部门审定的教学大纲和教材的规范与要求，特别是要通过加强教师队伍建设、改进与创新教学方法、掌握运用现代教学手段，不断提高思想政治理论课和有价值导向内容课程的教学质量，切实做好马列主义及其中国化的理论成果进教材、进课堂、进学生头脑的工作，教育、引导大学生树立正确的理想信念，掌握科学理论，提高辨别能力，自觉抵御各种错误观念和思潮的侵袭，成为党和人民放心、满意的合格人才。

★ 2010 年 12 月，马绍孟于时雨园家中书房

第二，关注前沿问题，理论联系实际。马克思主义是在实践中不断发展的科学。理论和实践的统一是马克思主义的一个本质特征。马克思主义的各项原理，并不是空洞抽象的教条。学习和研究马克思主义，必须有的放矢，联系实际，包括国内外的实际、学校和学生的实际，以及个人思想的实际，着眼于解决实际问题。只有这样，才能保证讲述的理论跟上时代和实践的步伐，才能很好地被学生接受，才能使自己也从中受益，不断提高水平。

第三，重视方法论的内容。方法论往往是一门学科的精华。要想进入一个学科领域，掌握这门学科的知识，方法是很重要的。方法对头，可以事半功倍，否则失之毫厘，谬以千里。培养学生，很重要的一项内容就是培养他们获取新知识的方法，既要“授之以鱼”，更要“授之以渔”，以利于学生的长远发展。

第四，因材施教，扬长避短。对于研究生，我更注重他们能力的培养，尤其是科研能力。我招来的学生，不管是硕士生，还是博士生，每个人都有自己的专业背景和兴趣特点。对他们的培养，既有统一的目标、方案和基本要求，又要根据他们原来的基础，尽可能扬长避短，对不同学生提出不同的具体要求，尤其是选择论文题目时，在大的研究方向框架内，给他们以较大的自由空间。例如：研究权威问题，原来学习法律的学生，可以研究法治权威；学习经济的，可以研究企业领导权威；学习哲学的，可以研究真理权威；等等。

第五，教学相长。在我的博士生里，入学前有的是教授，有的是副教授，有的是讲师，有的是应届硕士毕业生，差别很大。不过，他们有共同的长处：年纪轻，精力充沛，知识结构比较新，接受新东西的速度比较快，看书的接触面广，等等。在这些方面，他们的优势是很明显的。我在指导他们的过程中，力求汲取他们的长处，发挥他们的优势，并使他们能更好地学习必备的基本专业知识，在大的政治方向、理论导向、基本观点、研究方法等问题上，帮助他们把好关。学无止境，指导研究生的过程，对我来说，也是一个不断学习、研究和提高的过程。教

★ 2010年11月，马绍孟于无锡同学生一起参加学术会议
（左起：吴恒、刘要停、马绍孟、于洪生）

学相长、互相取长补短，并非一句空话。

第六，德育为先。在教学的过程中，我始终向学生贯彻德育为先的方针。坚持治学与为人的统一，特别是学习马克思主义理论专业的同学，我对他们提出了较高的政治和思想品德方面的要求。

第七章 党政工作

1.“双肩挑”

我从1983年11月开始担任学校科研处处长，直到2001年1月卸任学校党委书记职务，这十七八年时间一直处于“双肩挑”状态。所谓“双肩挑”，就是一面承担教学和科研任务，一面做党政工作。我从助教、讲师、副教授到教授并任博士生导师，从科研处处长、副教务长、教务长、副校长、党委副书记到党委书记，可以说职称、职位不断有所提升，与此相应，责任和担子也越来越重。在这种情况下，十全十美地顾全两面很困难，但我尽了最大的努力，从实际需要出发，只能以党政工作为主，适当兼顾一点教学科研，这是很累、很辛苦的。尤其是担任学校党委书记后，因李文海校长身体不大好，我尽可能地多做一些工作，来减轻他的负担。

高校许多领导干部采取“双肩挑”的做法，是从工作实践中总结出来的。原来学有所长的教师、专家、学者，如果完全离开教学、科研第一线，纯粹做党的工作和行政工作，时间久了，就不再有教学科研第一线的切身感受，对这方面问题的发言权会变得越来越小，因此对于做好工作并不是一件有利的事情。而对于“双肩挑”的干部，为了既做好党政工作，又不放弃教学和科研，在时间和精力上究竟如何分配，我觉得可以因人

★ 马绍孟书法

因岗而异，具体分析。有些人可以做几年党政工作，再回去当教师，这也不失为一种好做法。中央要求高校领导干部特别是主要领导干部，应当成为政治家和教育家，这是很正确的，应作为努力的方向，在实践中不断地探索和总结。

“文化大革命”结束以后，大家都加倍努力工作，想把因动乱而耽误的时间抢回来。我也一样，专注于教学和科研，并没有打算往行政方面发展，可是后来因实际工作需要，不得不有所改变。作为党员，经过党的多年培养教育，既然组织上对我提出了要求，我还是听从了组织的安排。随着党政工作担子越来越重，我花去了很多的时间和精力，在学术上受到一定影响是很自然的，对此，我并不后悔。

2. 科研处处长

1983 年 11 月，我被任命为学校科研处处长。在主管科研工作的李震中副校长及其后的罗国杰副校长等领导下，我在任上做了一些事情，试列举如下若干项。

我共当了两年四个月的科研处处长，为科研管理工作的规范化、科学化建立了一些制度，为后来的发展奠定了初步基础。中国人民大学过去在科研管理工作方面留下的比较规范的资料并不多。“文革”中学校停办，人员离散，资料丢失。复校后，形势发生很大变化，百废待兴，逐步探索和建立一些科学、规范的科研管理工作制度是十分必要的。例如：制定“七五”规划，制定优秀科研成果的评奖办法，制定科研编制教师的工作规范，设立科研档案，建设成果库，还有科研工作量的计算办法，等等。

我参与起草了吴玉章奖学金评定办法的文件，为第一次吴玉章奖学金的评定做了一些具体工作。中国人民大学吴玉章基金是1985年袁宝华校长上任后主持设立的。吴玉章奖学金是人文社会科学领域若干学科面向全国范围评选的有影响的重要奖项，许多具体组织工作是由科研处负责操作的。我作为科研处处长，同时也是吴玉章基金委员会的副秘书长，参与了评奖的许多具体组织工作。

★ 1997年7月1日，马绍孟同袁宝华老校长（中）、李文海校长（右）在人民大会堂

我参与筹备创办了《中国人民大学学报》。以前中国人民大学没有学报，只在“文革”前有一个《教学与研究》刊物，这是教育部委托中国人民大学办的思想政治理论课辅导刊物。人大复校后，除了《教学与研究》，又创办了《经济理论与经济管理》。《中国人民大学学报》和上两个刊物有别，是综合性的。经反复酝酿，学校党委任命经济学系卫兴华教授为《中国人民大学学报》主编。后由哲学系杨焕章教授担任主编，杨焕章同志学养深厚，文字能力强，不负众托，干得很出色，使《中国人民大学学报》理论导向好，学术水平高，得到学界广泛认可与好评。杨焕章同志因此在学报界很孚众望，被选为全国高等学校文科学

报研究会的理事长，退休后是名誉理事长。

我还参与筹备建立了中国人民大学几个研究所：经济学研究所、法学研究所、社会学研究所、行政管理学研究所等。这些研究所对推进相关各学科的建设和研究工作，发挥了很重要的作用。

例如社会学研究所。在“文革”前，我国很少有人研究社会学，这个学科已从学科目录中取消了，“文革”后才开始复兴。20世纪80年代初期，中国人民大学哲学系从事马克思主义哲学教学和研究工作的教师郑杭生同志，去英国留学回来后，提出建立社会学研究所的设想，得到学校的支持。该所建立后，郑杭生同志担任首任所长，在他的带领下，中国人民大学的社会学研究和人才培养工作逐步处于全国高校的前列，郑杭生同志成为该领域的带头人和权威，担任中国社会学学会会长，中国人民大学一级教授，他的若干弟子已成为该学科的中坚。

又如行政管理学研究所。“文革”前，我国研究该门学问的人很少。“文革”后，经济管理和行政管理逐步成为热门领域。20世纪80年代中期，中国人民大学成立行政管理学研究所，后来又成立行政学系，系所合一，招收本科生乃至硕士生和博士生，后又发展为现今的公共管理学院，成为中国人民大学在校生规模较大的学院之一，学科水平亦处于全国高校的前列。

此外，科研处还负责组织各类科研基金项目的申报及一些相关管理工作，负责组织协调多种类型的学术研讨会，负责学术成果的评估、奖励等方面的工作，负责校学术委员会部分日常管理工作，等等。

在科研管理工作中，我遵循了几个基本原则：

第一，坚持三个服务，即为社会主义现代化建设服务，为繁荣科学特别是人文社会科学服务，为提高教学质量服务。

第二，坚持实事求是，关注三个前沿，即实践前沿、理论前沿和学科前沿。

第三，坚持正确的政治方向和理论导向，贯彻“双百”方针，发扬学术民主。

3. 教务长

1986 年 2 月，我担任副教务长，协助教务长吴树青工作。1987 年 8 月，吴树青当了副校长，我接任他当教务长。

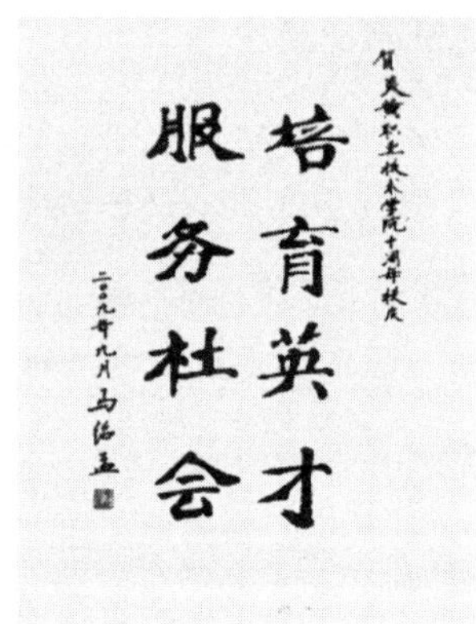

★ 马绍孟书法

我当教务长期间，主要协助吴树青完成教学管理工作。教学管理工作大致包括以下一些方面：

例如，参与制定学校深化教学改革的整体方案。坚持马克思主义理论指导，坚持全面发展的方针，建立和完善合理的学科体系和专业结构。另外，协调各层次的办学，正确处理教学和科研两个中心的关系。

又如，马列课的改革试点。我花了不少时间参与这方面的工作。1985 年 8 月，中共中央下发《关于改革学校思想品德和政治理论课程教学的通知》，1986 年 3 月，国家教委下发贯彻中央通知的意见，中国人民大学作为改革试点单位，政治理论课逐步实现从“老四门”向“新四门”的转变。“老四门”指中共党史、哲学、政治经济学、科学社会主义。“新四门”指中国革命史、中国社会主义建设、马克思主义原理、世界政治经济和国际关系。为了适应“新四门”课程的建设，学校成立了相关专业，进行专业建设、教材建设和师资培养，尤其是青年教师的培养，做了大量工作，保持和发扬了中国人民大学在这方面的传统优势。

另外，课堂教学管理、课程评估、考试管理、教师工作量的计算、优秀教学奖的评审、教学手段现代化等工作，都是教务长管辖范围内的事情。许多具体工作是教务处等单位和院系的同志们承担的。

在教学管理中，我比较注意正确处理几个关系：

第一，德育同智育、体育、美育的关系，坚持全面发展、德育为先。

第二，各个层次教育的关系。我们在加强本科教育的同时，协调发展各个层次教育，包括本科、研究生和成人教育。比较而言，研究生教育发展的速度要快些。后来，中国人民大学研究生和本科生的数量基本达到 1 ： 1，有人将其看成研究型大学的一个标志。

第三，教学与科研的关系。在高等学校，特别是一些重点大学，教学和科研都是学校的中心工作，二者互相联系、互相促进，没有很高的科研水平，教学水平也很难提高。在实践中，大家努力将科研成果有选择地吸收到教学内容之中，将学科体系变成教材体系，再变成授课体系传授给学生。这个转化过程，需要老师做出许多努力。不管是科研还是教学，最终都是为了促进科学发展，传承人类文明，培养合格人才，推动社会进步。

★ 马绍孟书法

另外，要处理好学生和教师的关系，形成教师为主导、学生为主体的局面，充分调动各方面的积极性，来完成培养合格人才的根本任务。还要处理好知识传授和能力培养的关系，坚持两者的统一，增强学生的综合素质。中国人民大学非常重视“三基本”即基本理论、基本知识、基本技能的教育和训练，在实质上是重视素质教育的一种体现。

在教学内容上，要正确处理国内和国外、现代和古代的关系。要立足中国实际，吸取外国合理的、有价值的成果，做到洋为中用；对古代的东西，要批判继承，取其精华，弃其糟粕，做到古为今用，创新发展。

在教学方法和教学手段方面，对讲授、课堂讨论、调查研究、实验室试验、学术报告写作和现代化教学手段的运用等多个环节，都强调要确保质量；第一堂课和第二堂课要有机结合起来；提倡示范教学、案例教学，不同的课程有不同的要求。教学方法和手段也要不断地改革和创新。

4. 副校长

1990 年 12 月至 1991 年 11 月，我担任了一年副校长，协助主持学校日常工作的黄达副校长分管人事、财务、审计、档案和高教研究等方面的工作，事情的确很多，有顾不过来的感觉。有人跟我开玩笑说："人财大权都掌握在你手上了！"这仅仅是戏言。其实，我从未对权力、职位有什么奢望，也不认为权力、职位对个人有那么重的分量。在共产党领导的社会主义中国，从本质上看，权力属于人民，来之于人民，服务于人民，对人民负责，并接受人民的监督。权力意味着责任、担当、服务、付出和贡献。我是对权力怀有敬畏之心的，党和人民赋予的权力，一定要认真对待，恪尽职守，依法循规，绝对不能滥用。

我对分管的工作开始时都是不大熟悉的，因此秉承虚心学习的态度，在工作中认真研究贯彻有关方针政策，结合学校实际，及时请示报告，依靠职能部门和广大员工做好具体工作，确保不出大的差错，力争保质保量地完成各项任务，服务好学校改革发展的大局。在此期间，我参与制定了学校发展的“八五”计划和十年规划。

★ 2000 年 3 月，马绍孟在办公室

5. 校党委书记

1991 年 11 月到 1994 年 6 月，我担任学校党委副书记，协助党委书记李文海同志，重点分管干部队伍建设工作。1994年6月到2001年1月，我担任校党委书记。任副书记和书记的时间，共有九年多，加上之前任副校长的一年，这十年是我压力巨大、担子最重的时期。特别是在担任学校党委书记之后，我感到工作如履薄冰，对于组织上交办的各项任

务，既要全力以赴，大胆工作，坚定不移地贯彻党的路线方针和政策，并结合学校实际，依靠学校的广大干部和师生员工，推进学校的改革、建设和发展，又要谨慎从事，深入细致地认真处理和协调各种关系与矛盾，调动各方面的积极因素，维护和谐稳定的大局，尽量避免出现重大的失误和事故，避免给学校发展带来不利的影响。

1994 年 6 月 5 日，国家教委党组书记朱开轩在学校中层干部大会上宣布我担任学校党委书记，北京市委副书记李志坚到会并讲了话。我做了简短发言表态，中心思想是虚心学习：第一，向党的基本理论和基本路线学习，认真领会中央精神，同党中央保持一致，保持清醒的头脑，把握好大的政治方向；第二，向实践学习，在实践中学习，不断地总结经验，提高工作水平；第三，向群众学习，坚持从群众中来，到群众中去，全心全意为全校师生员工服务；第四，向优良传统学习，实事求是，理论联系实际，艰苦奋斗，民主团结，勇于开拓，努力使优良传统在新形势下发扬光大。后来中组部发文说，经中央同意，明确李文海校长和我为副部长级。我深感自己的能力和水平同这个名分与责任的要求有不小差距，要更加兢兢业业，努力工作，不负重托。据了解，当时全国有 21 所重点高校的书记、校长都按副部长级配备。

我本着虚心学习的态度，谦虚谨慎，严于律己，在任上尽责尽力，做了一些该做的工作。我主持并参与了学校各种重大事项的集体决策，按照规矩，统一领导，各负其责。在大家的共同努力下，学校的教学、科研、管理、党建等各项工作，通过深化改革，促进发展，保持稳定，积极扎实地向前推进。这里，我侧重从党建特别是思想政治建设的角度谈一些情况。

在思想理论方面，党委重点抓党的基本理论、基本路线、基本纲领和基本经验的学习，用马列主义、毛泽东思想和中国特色社会主义理论来武装广大干部和师生员工，指导学校的各项工作。我们坚持党委中心理论组学习制度，及时学习党的历次代表大会和中央全会的文件，传达教育部党组和北京市委的精神，结合学校实际，研究贯彻落实。

思想政治理论课的改革和建设是整个思想政治建设中的一项重要内容。我们中国人民大学具有重视思想政治理论课建设的优良传统，一直承担着培养马克思主义理论工作者、培养高等学校思想政治理论课教师的光荣而艰巨的任务，并做出了突出的贡献。“文化大革命”前，全国高校的马克思主义理论课教师大约百分之七十以上是经过中国人民大学培养的。改革开放以后，党和国家依然重视和发挥中国人民大学在这方面的重要作用。我们学校也做出很多努力，继续保持和发扬传统的优势。

但形势有了很大变化，国家工作重心转移并实行改革开放，社会主义现代化建设全面展开，马克思主义中国化进程加速推进，中国特色社会主义在实践探索中充满生机与活力，社会对高等教育人才培养的规模、结构、质量提出了新的要求，高校培养马克思主义理论工作者和思想政治理论课教师的任务大大加重，设置这方面专业的高校也逐步增多。

另一个不容忽视的现实是，20世纪80年代末90年代初，西方“和平演变”攻势加剧，苏联解体，东欧剧变，世界社会主义事业受到重创，国际共产主义运动陷入低潮，马克思主义遭遇空前严峻的挑战。一时间，“共产主义终结论”、“社会主义失败论”和“马克思主义过时论”等充斥于西方一些媒体。国内也有少数人产生所谓“四信”危机，即对共产主义的“信念”、对马克思主义的“信仰”、对共产党执政的“信任”、对社会主义前途的“信心”发生动摇。

面对这种复杂而严峻的形势和挑战，中国人民大学校党委清醒地认识到，必须紧跟党中央的战略部署，进一步加大中国特色社会主义建设的步伐，加速推进马克思主义中国化的进程，加强马克思主义理论的宣传教育和引导，巩固马克思主义在意识形态领域的指导地位，让马克思主义牢固占领高校这块阵地。

我国高等教育是为培养中国特色社会主义事业合格建设者和可靠接班人服务的。有两个重要因素最能体现我国高等教育的社会主义性质：一是坚持党对高校的领导，通过党委领导下的校长负责制等制度、体制和机制，确保党的理论、路线、方针、政策在学校贯彻落实；二是通过思想政治理论课和其他有价值导向内容的课这个主渠道和主阵地，通过社会实践等丰富多彩的第二课堂及深入细致的思想政治工作，用社会主义核心价值观武装学生的头脑，规范学生的言行，起到立德树人的作用。

在思想政治理论课建设方面，我们采取了一系列实际措施，收到了明显的成效。

面向博士生，中国人民大学开设了当代思潮课。该课以马克思主义为指导，介绍、评析各种有代表性的社会思潮，培养学生在理论上辨别是非的能力，划清马克思主义同反马克思主义以及非马克思主义的界限，提高坚持马克思主义的自觉性和坚定性。讲授该课的教师多为有丰富教学和研究经验的知名学者。这门课很受学生欢迎，发展成为一门精品必修课。

★ 1995年8月，马绍孟参加抗日战争胜利50周年座谈会，于中国人民大学

党的十四大以后，面向本科生，中国人民大学开设了邓小平理论课，促进邓小平理论的“三进”（进教材、进课堂、进学生头脑）工作。这门课随着马克思主义中国化进程的推进，名称有变化，内涵更丰富了。

1995年，中央下文实施思想政治理论课改革新方案。中国人民大学积极贯彻落实，在党委统一领导下，经过精心研究部署，有关院、系、所及教师，各负其责，为课程建设、教材建设、教师队伍建设、教学方法和手段的改革创新等付出了巨大的努力。

1996 年，学校党委经过认真调查研究，广泛征求意见，决定将马克思主义理论教育研究所和马列主义发展史研究所合并成立马克思主义学院，使全校思想政治理论课的管理和部分课程的教学研究力量相对集中，以利于加强学科建设、深化教学改革、提高教育质量。学院成立后，实体在院，所的名称保留，研究力量根据课程建设需要统一组合，研究方向在保持原有学科优势的基础上略有调整，科研同教学的结合更为紧密。学院的第一任院长许征帆教授是思想政治理论课领域的知名专家，学养深厚，经国家教委批准，被定为副校级。

中国人民大学马克思主义学院的建立，在当时的历史条件下，是一项具有全局性和长远性意义的战略举措。实践证明，这一举措是及时的、正确的，它为马克思主义理论学科的人才培养、学科建设与改革做出了许多重要贡献。

1999 年上半年，中央确定中国人民大学为全国首批开展“三讲”（讲学习、讲政治、讲正气）教育试点单位之一。这是一次以整风精神进行的马克思主义学习和自我教育运动。我们高度重视，认真对待，通过学习文件、查摆问题、开展批评和自我批评、制定整改措施等环节，理论同实际相结合，既受到了教育，又推进了工作。8 月，教育部让我在全国高校党建和思想政治工作会议上介绍“三讲”教育试点的经验。我们把“三讲”教育作为一个契机，通过“三讲”教育来全面推进学校的改革、建设和发展。

★ 2000 年 10 月，教育部陈至立部长（右）参加中国人民大学组建 50 周年庆典

抓稳定是党在学校工作的一项重要任务。从20世纪80年代后期直到现在，稳定始终是学校面临的大事情。如果没有稳定的环境，改革和发展都谈不上。特别在意识形态领域，高校处于前沿地位，稳定工作至关重要，每年在这方面我们都花去不少时间。党委坚持正确的政治方向和理论导向，立场坚定，旗帜鲜明，以正面教育为主，提高广大群众的政治觉悟和认识水平，同时坚决抵制和批评各种错误的社会思潮，依法依规查处损害稳定大局的现象。

在组织工作和队伍建设方面，党委高度重视各级领导班子的建设，正确处理党政关系，加强领导班子的团结，提高工作能力和水平。

在年轻干部的培养方面，我们做了不少工作，成效是显著的。我认为，学校是培养人才的地方，我们中国人民大学有培养干部、对外输送干部的好传统，只要是上级部门、兄弟院校或单位通过正常渠道向我们要干部，我们的指导思想是毫不吝啬，哪怕学校自身需要，也要努力保证其他单位的需求。这样做，对干部的未来发展有利。我们可以不断地培养新人，将干部人才队伍搞活。

★ 20世纪90年代中期，给中国人民大学校友、国家计委副主任郝建秀（中）送聘书（左为马绍孟，右为杨德福）

我们输送出去的干部很多，有一些同志在中央和北京市党政机关及高等学校担任领导职务，例如吉林、王伟、张礼泉、马博宣、刘宪苏、侯君舒、牛继升、郑英良等等，他们在各自的岗位上都做出了重要的贡献。

我们还很重视党的基层组织建设，比如制定了关于加强学校党支部建设的若干意见，开展评选优秀党支部、优秀党务干部和优秀共产党员等活动，努力发挥支部的战斗堡垒作用和共产党员的先锋模范作用等。

在作风和廉政建设方面，突出强调在新形势下发扬党的三大作风，即理论联系实际、群众路线、批评和自我批评，并有相应的学习制度、民主生活会制度。对领导干部来说，群众路线的作风是最为重要的，不走群众路线、缺乏民主作风就很难调动大家的积极性。勤政廉政问题是学校领导班子民主生活会的重要内容，也是干部教育和考核的重要内容。学校领导班子成员要在反腐倡廉上起表率作用，常抓不懈，警钟长鸣。对一些容易出问题的岗位或部门，尤其从严要求，发现问题和苗头，及时采取措施，这不但是对党的事业负责，也是对干部的关心和爱护。我在党委工作的时间里，经过大家共同努力，学校中层以上干部在廉政方面的状况总体上是好的，没有发生过重大的问题。

在制度建设方面，党委根据中央的要求，制定了许多具体制度来规范我们的行动。我们特别重视贯彻党的民主集中制。1994 年 9 月，党的十四届四中全会通过《关于加强党的建设几个重大问题的决定》，我们学习以后，结合学校实际，制定了《中共中国人民大学委员会关于坚持和健全民主集中制的若干意见》。《意见》既贯彻了中央的精神和要求，又结合学校的实际，将以往行之有效的做法制度化。

民主集中制是我们党和国家根本的领导制度和组织制度，也是中国人民大学根本的领导制度和组织制度。学校领导工作中出现过这样那样的问题，往往同未能正确贯彻这一制度有关。《中国共产党章程》对民主集中制的基本内涵、基本要求和基本原则做了全面系统的阐述，有一系列的规定和要求。我们结合工作实际，对学校改革和发展中的一切重大事项、重要决策、重要干部任免、大额度经费使用等，从不个人说了算，都是经过民主程序，调查研究，充分酝酿，广泛征求意见，由相关部门提出方案，交党委会或常委会集体讨论决定，然后按分工组织实施，从而保证了重要决策的民主化和科学化，体现了集中以民主为基础、民主以集中为导向，民主和集中二者高度结合、辩证统一的精神。在领导班子里，大家平等相待，顾全大局，团结一致，正确处理个人同组织之间、同志之间、正副职之间、党政之间等各种关系，坚持集体领导和个人分工负责相结合，努力发挥和调动每一位同志的积极性，形成“又有集中又有民主，又有纪律又有自由，又有统一意志、又有个人心情舒畅、生动活泼，那样一种政治局面”。

我在党委工作期间，中国人民大学两次被评为“北京市党的建设和思想政治工作先进普通高等学校”。这个活动四年评选一次，每次有4~5所高校入选。中国人民大学还被评为“全国高校思想政治工作先进单位”。这些都是学校党委全体同志、党委各部门、各总支、支部、广大党员乃至全校师生员工共同努力的结果。学校当选“北京市党的建设和思想政治工作先进普通高等学校”，北京市委两次共奖励我们70万元。经党委研究，此款作为党建基金存入银行，除非有特别用途，本金尽可能少用，每年只将利息取出，用于党建方面的活动，奖励优秀党务工作者和优秀党员。后来，我经过努力，从研究生院创收上缴的经费里又拨出30万元充实党建基金，使党建基金总数达100万元。当年学校经费总体上比较紧，艰苦奋斗、勤俭节约是大家的共识。好不容易争取来的经费，一定要掌握好，花到点子上。动用党建基金超过1 000元的，都得经书记办公会集体决定。

6. 党政协调

1991年12月，中国人民大学召开第十次党代会。根据中央《关于加强高等学校党的建设的通知》精神，遵照国家教委党组和中共北京市委的指示，从这次党代表大会开始，中国人民大学恢复党委领导下的校长负责制。领导体制改变以后，党委在学校中处于领导核心地位，统一领导学校工作。党政各司其职，密切配合，一切工作都围绕培养合格人才这个中心展开。

1994年6月，李文海同志接任人大校长，我接任人大党委书记。我们彼此心照不宣，严格要求，特别重视学校党政之间的密切配合与协调。李文海同志具有党政领导工作的丰富经验，是我的老领导，我一如既往地支持和配合他的工作。他既是校长，也是党委委员和党委常委，无疑是学校一切重大决策的参与者。就阅历、学识、素养、经验、能力、水平、社会影响等诸多方面综合考量，李文海同志是学校领导核心里最孚众望的，因而也发挥着最重要的作用。当然，这同实行党委领导下的校长负责制并不矛盾，并不影响学校的一切重大问题都是在党委领导下集体决策实施的。根据中央关于党委领导下的校长负责制的有关规定，我们都坚持按照民主集中制的原则、要求和各项具体规定办事，明确分工，各司其职，团结合作，相互支持。大家目标一致，互相尊重，思想交流，信息互通，工作互补，配合默契。

★ 1995 年 12 月，马绍孟（左）、李文海（右）于福建厦门

1997 年，李文海同志提议，我们两人共同写一篇文章，题目叫《团结出凝聚力，团结出战斗力》，重点讲在党委领导下的校长负责制体制下，我们是如何既分工又合作，既相互尊重又独立负责地开展工作的。我当即表示同意。文章由李文海同志主笔，我写了一些想法和体会，统一纳入他的架构。这篇文章实事求是地反映了我们合作共事的情况，抓住了当时高等学校需要认真解决的一个带有一定普遍性的问题。国家教委主任朱开轩同志看到这篇文章后，颇为赞赏，批示印发全国高校领导干部阅读。《中国教育报》和《中国高等教育》都刊载了这篇文章。实践证明，能否正确地处理好学校党政之间的关系，特别是党政两个一把手之间的关系，直接影响到学校工作的全局。因此，团结是大局，团结才能出凝聚力，出战斗力。如果党政一把手关系不融洽、不协调，甚至搞内斗，争位争权，争名争利，互不尊重，互不相让，必将给学校工作带来严重损害。如何对待这个问题，是对领导干部素养和水平的一个重要考验，在今天仍然具有很强的现实性。

我同李文海同志合作共事十多年，他给予我很多帮助，我从他身上学到了许多东西，我们之间结下了深厚友谊。2013 年 6 月他不幸病逝，我和同志们永远怀念他。

7. 交流工作

我在学校工作多年，不主管交流工作，加之学校经费紧张，从1983年当科研处处长开始，到2001年从党委书记岗位退下来，18年间，我共出访8次，退休后又出访1次，加起来是9次。

★ 1996年，在中国人民大学会见香港宾客（右二为马绍孟，右一为郑杭生）

1989年4月，我任副教务长时，负责联系体育部，率领中国人民大学男子篮球队到香港比赛、交流，成绩很好。当时学校学生男篮、女篮、女排几个队，都在北京高校比赛中名列前茅，其中不少队员是从专业队退役后来人大上学的。

1989年10月，我作为中国人民大学的访问学者，到民主德国莱比锡卡尔·马克思大学访问、交流、讲学。这是一段难忘的经历，时值民主德国动乱，执政党第一书记昂纳克下台。当时我住在莱比锡卡尔·马克思大学的招待所中，窗外就是一个广场，旁边矗立着教堂。10月上旬的一天，广场上聚集了许多人，人们高喊口号，要求“自由、民主”，要求开放两德的边界、自由旅行等。民主德国政府采取比较坚决的态度，派了很多警察、便衣维持秩序，并有目标地抓了一些人，用汽车运走。抓人后不久，示威者又慢慢地聚集起来，继续呼喊口号。广场上不时出现警察和示威人群对峙的状态。过了不久又抓人，抓后不久人群又聚集……反复多次。那天我在窗口从上午9点一直观看到下午4点多，午饭都没有吃。没过几天，苏联戈尔巴乔夫发表不利于民主德国当局的讲话。接着，10月17日，民主德国党和政府的领导人昂纳克下台。过后两年，苏联解体，东欧剧变，苏东共产党都失去了政权。这段历史是非常值得研究的。

民主德国剧变的原因比较复杂，我当时曾和卡尔·马克思大学的学者交流过。现在回过头来看，有几点是很值得思考的。第一，苏联戈尔巴乔夫推行“人道的民主的社会主义”对民主德国的影响比较大，这种影响在一定程度上是致命的。第二，民主德国自身未搞好，对苏联的依赖性过强，社会主义建设过程中没有很好地改革，发展中遇到一些问题未解决好，使人民不满意。第三，西方“和平演变”的攻势很强并得逞了。我觉得民主德国在当时社会主义国家中经济发展水平较高：人均国内生产总值超过6 000美元；人均住房面积约19平方米，比较宽松；城乡差距小；知识分子和体力劳动者之间的差距也比较小。我到他们的一位大学教授家看过，该教授家和他的邻居工人家的住房水平是一样的。农村的农民大都住着一栋一栋的小楼，农业生产的机械化程度很高。上述这些方面的情况虽然不错，但联邦德国的反共反社会主义宣传很厉害，西方的“和平演变”攻势很强。多种复杂因素，最终使苏东社会主义国家红旗落地，共产党执政地位丧失。

我国理论界对苏联解体、东欧剧变做了很多研究，取得了不少很有价值的成果。中国共产党人吸取了苏东剧变的教训，坚持把马克思主义普遍真理同中国具体实际相结合，继往开来，以经济建设为中心，坚持四项基本原则，坚持改革开放，探索出一条适合中国国情的中国特色社会主义道路，取得了举世瞩目的伟大成就，使社会主义在中国焕发出新的生机与活力。

1992年，我参加中国大学校长代表团访问印度两周。该团由北京大学校长吴树青带队，访问了德里大学、尼赫鲁大学、加尔各答大学、班加罗尔大学、喀拉拉邦大学等数所高校，还有一些科研院所，主要进行教育方面的交流。我对印度的印象，这里简要说以下两点：第一，印度是个人口大国、文明古国，属于发展中国家，其经济发展速度和水平总体上比我们要差一些，社会制度的性质与我们不一样，贫富差距非常大。第二，印度在教育方面，尤其是高等教育方面发展不错，大学生占人口的比例高于我们。印度有几个名牌大学在一些学科领域水平不错，他们的教授不少人毕业于西方名牌大学。由于官方语言是英语，他们在和西方国家交流时障碍比较少。另外，他们在某些高科技领域，例如电子软件产业，发展得不错。

★ 1992年1月，马绍孟同北京大学校长吴树青（右）于新德里

★ 1992年1月，马绍孟同印度班加罗尔大学学生在一起

1995年和2000年，我曾两次去过台湾。第一次是参加逸仙文教基金会和东吴大学主办的海峡两岸孙中山先生思想学术研讨会，并集体访问了台湾大学、台湾“清华大学”和新竹科技园等地方；第二次，我率领中国人民大学代表团，访问了台湾的文化大学、政治大学、东海大学、“中山大学”、台北大学、辅仁大学等，主要进行公共管理方面的学术交流。

两次去台湾的共同感受是：大陆和台湾同属一个中国，大陆同胞和台湾同胞同根同祖同文，都是中国人，都是中华民族子孙，两岸统一是大势所趋、人心所向，台湾的某些人鼓吹“台独”是不得人心、没有出路的；中央关于和平统一、“一国两制”的大政方针完全正确，我们需要好好学习、理解和执行。

★ 1995年1月，马绍孟同马树礼（中，台湾逸仙文教基金会董事长）、马洪武（右，南京大学教授）于台北园山大酒店

★ 马绍孟会见台湾辅仁大学校长杨敦和（左）

我第一次访台后，经过努力，取得了两项实质性的成果：一是争取到以马树礼先生为董事长的逸仙文教基金会每年给中国人民大学提供5 000美元逸仙奖学金，奖给优秀的博士研究生；二是于2000年在中国

人民大学举办了一次两岸经济交流学术研讨会，增进了两岸学界的交往。

1996年6月，应朝鲜方面的邀请，我率领中国人民大学代表团访问了朝鲜，主要进行理论层面的交流。我们介绍了国内改革开放的形势、邓小平理论、中国特色社会主义理论，朝鲜同志主要向我们讲述了他们的主体思想。我还有一项重要的收获，就是回到曾经战斗过的地方，并受到朝鲜群众的热情欢迎。我们代表团还向中国人民志愿军烈士纪念碑献了花圈。

当我再次登上新安州附近的清川江大桥时，回忆起当年抗美援朝浴血奋战的情景，心里无比激动，感慨万千。有多少战友牺牲在这里啊！和平真是来之不易。时过境迁，变化很大。朝鲜十分重视军队建设，实行先军政治，这是由它的生存环境决定的。不过，朝鲜半岛形势复杂多变，我国政府自有应对之策。

★ 1996年6月，马绍孟于朝鲜清川江公路桥上，重返曾经浴血奋战的地方

那几年，朝鲜经济上比较困难，又遇到了自然灾害，有些老百姓吃不饱肚子，商店里的商品匮乏。虽然经济不发达，但政府很重视教育，不管在城市还是农村，最好的房子多半是学校。平壤少年宫的设施很先进，体现了他们对教育下一代的高度关注。

访朝期间，我们所到之处，无论是接待我们的高层，还是普通老百姓，当他们知道我曾是志愿军战士、在朝鲜打过仗时，都向我鞠躬，表示感谢。访问结束前，我给他们留下几句话：“中朝唇齿邻，战斗凝友情。社会主义好，松柏万年青。”2000 年 10 月，在人民大会堂召开的首都各界纪念中国人民志愿军抗美援朝出国作战 50 周年座谈会上，我做了发言，并以这四句话结尾。

1996 年 9 月，我参加中国道德教育考察团访问美国，教育部让我当团长。我们到过纽约、华盛顿、波士顿、亚特兰大、旧金山等地，访问了哈佛大学、斯坦福大学、加州大学伯克利分校、杜克大学、亚特兰大大学等高等学校，还有若干社区职业技术院校，以及若干中小学，并进行了交流。

★ 1996 年，马绍孟和许征帆（右）于朝鲜平壤

★ 1996 年 9 月，马绍孟（前排右二）率中国道德教育考察团访问美国

作为道德教育考察团，我们团的成员大都是大学主管思想政治教育或学生工作的书记和校长。考察过这么多学校后，大家发现美国的教育包括高等教育和中小学教育，价值导向和意识形态色彩是很鲜明的。例如，在美国，《宪法》、《独立宣言》和《人权宣言》被看作是至高无上、神圣不可侵犯的，渗透到各个教育层次的许多课程里，以此来培育学生的价值观念，根本不存在所谓“淡化意识形态”“去意识形态化”的问题。

★ 1996年9月，在美中关系全国委员会前主席、麻省理工学院政治学教授白鲁恂博士家做客（左起：马绍孟、李新中、白鲁恂、雷明（美方陪同人员）、刘大军）

1999年6月，我率领中国人民大学的代表团到俄罗斯，参观访问了莫斯科大学、人民友谊大学、俄罗斯科学院哲学研究所、圣彼得堡财经学院，同圣彼得堡财经学院签署了校际合作的备忘录。我们还瞻仰了列宁墓，向列宁遗容深深地鞠了躬。

我特意访问了20世纪50年代曾经来到中国人民大学讲学的著名哲学家克列教授，与他交谈了几个小时，请他吃了顿饭。克列教授当时已80多岁高龄，身体仍然硬朗。我们谈了很多学术方面的问题。我还问他对苏联解体的看法，他说："俄罗斯没有出一个邓小平。"这句话非常中肯。苏联从赫鲁晓夫到勃列日涅夫再到戈尔巴乔夫和叶利钦，错误的路线方针葬送了苏联共产党和苏联社会主义国家，给世界社会主义运动带来灾难性的后果。2002年，克列教授应邀来人大参加校庆活动，我在宴会上见过他，互致问候。2010年，克列教授去世，听说人大派人参加了他的告别仪式。

★ 1999年6月，马绍孟于莫斯科大学前

2005年6月，我已退休几年了，应邀到韩国光州全南大学讲学，讲述中国领导科学研究和发展的状况。这次活动是中国人民大学马克思主义学院毕业的韩国留学生李旻泰联系促成的。我讲课的对象是韩国一个公务员培训班。讲课开始时，我说："今年我71岁，7和1对换个位置就是17，我17岁那年，曾来过朝鲜半岛这片土地，至于为何而来，我想各位很清楚，已经猜出来了，不知道你们是不是很反感？"我没有直白1952年我参加抗美援朝，以中国人民志愿军的身份来到朝鲜半岛，而是以这段风趣的开场白表达，在座的学生以笑声回应。可两次来，性质和目的完全不一样了。

★ 2005年6月，马绍孟应邀赴韩国全南大学讲学，于首尔景福宫前

我在讲课过程中，安排了一段学生提问，同学生交流。有人试图让我评价一下金日成，但考虑到中韩关系，他们拐着弯说："你对越南领导人胡志明怎么看？"我说胡志明是越南人民很爱戴的领袖，是中国人民的老朋友，他为中越友好、为越南革命和建设做出了不可磨灭的贡献，我们会永远记住他。还有人问及中国古代的领导思想，表达对中国传统文化颇有兴趣，我一一做了简要回答。课后，我参观了两处韩国的"古迹"，要是不认识古汉字，不会点古汉语，真还看不懂呢！通过这次讲学、参观访问、交流，我感觉韩国重视教育、重视科技，经济上搞得不错，有些地方值得我们研究借鉴。

★ 1997年3月，马绍孟（右）会见越南宾客

8. 小结

学校是个小社会，教职员工共有两三万人，工作门类挺多，事情不少，看起来比较复杂。但归纳起来，开门三件事：教学、科研和管理。

教学和科研是学校的中心任务，主要目标是培养合格人才。为了完成中心任务，实现主要目标，必须搞好管理。管理应包括党的建设、思想政治工作和行政后勤工作。一切工作都是在党委领导下进行的。

在教学方面，学校历来重视基本理论、基本知识、基本技能的学习和培养，注重全面综合素质教育，打好基础。

科研方面，我们强调重视三个前沿，即实践前沿、理论前沿和学科前沿。要求解放思想，实事求是，求真务实，与时俱进，开拓创新，为培养人才、繁荣学术、传承文明、服务社会、建设国家做贡献。

管理方面，主要是努力创造三个环境：政治环境、学术环境、生活与工作环境。政治环境，是指同中央保持一致，坚持正确方向，维护团结稳定，端正思想作风，杜绝歪门邪道。学术环境是指坚持正确理论指导，发扬学术民主，贯彻“双百”方针，激发创造活力。生活与工作环境是指制度健全，规范有序，奖罚分明，健康文明，并努力改善各种物质条件。

学校党组织的工作，我简要地概括为以下几条：第一，围绕教学和科研的中心展开工作，不说空话；第二，抓好两支骨干队伍，即学术骨干和管理骨干队伍；第三，坚持三个导向，即政治导向、理论导向和政策导向；第四，发挥四个作用，即党委的领导核心作用，分党委和总支的政治核心、保证监督作用，支部的战斗堡垒作用，党员的先锋模范作用。这就是我们根据多年的工作经验总结出来的“一二三四”。

我经常和干部交流、讨论，力求在工作中树立一个根本观念，即服务观念。邓小平说：“领导就是服务。”领导者是人民的公仆。当领导不是做官的，而是干工作的、为群众服务的。毛泽东把“全心全意为人民服务”作为新四军和八路军的宗旨，也是党的根本宗旨。对于广大干部来说，树立“全心全意为人民服务”的观念是最为重要的。在现实生活中，很多干部没有很好地解决这个问题，颠倒了主人和公仆的关系，这是违背党的根本宗旨的。我们对广大干部和党员进行教育，首先要解决好这个问题，这是世界观、人生观、价值观的核心问题，是我们一切工作的立足点、出发点和归宿。

我们还要在实践中努力学会两个基本的工作方法，即毛主席提倡的一般和个别相结合、领导和群众相结合的方法。这两个方法是辩证唯物主义和历史唯物主义世界观、方法论在实际工作中的运用。

我们还要坚持和发扬党的三大作风，即理论联系实际的作风、群众路线的作风、批评和自我批评的作风。这三大作风也是毛主席提倡的。同时，要守住三条底线：第一，政治上和中央保持一致，大方向上要把握住自己；第二，经济上要廉洁，决不能贪污腐败；第三，生活作风上要严谨。守住这三条底线应该是对干部最起码的要求。

第八章 退休生活

1. 退而不休

2001 年 1 月，中央下文，我不再担任中国人民大学党委书记，从学校领导岗位上退了下来。2002 年 3 月，我正式办理了退休手续，其时，已进入 68 周岁了。虽然退休，但仍有一些事情要做，不过肩上的担子轻了很多，不用像以往那样再为党政工作操心了。

我在担任党委书记期间，几乎没有节假日，由于住在校内，家离办公室不远，晚上大多在办公室，10 点以后才回家休息，有干不完的事情、看不完的材料，另外还要抓紧时间备课，搞点研究，指导研究生，所以比较辛苦。退休后，学校根据教学工作需要，返聘我继续指导博士研究生。我大约每年招一名博士，闭门弟子是 2013 年毕业的，那时我已 80 虚岁了。

退休后，我还担任一些社会兼职。比如在中国领导科学研究会，我是常务副会长之一。中国领导科学研究会每年开一次年会，若干次会长学习会，还有若干次学术研讨会。2013 年该研究会换届，我成为顾问，不再担任常务副会长了。

我还在教育部担任过一些社会兼职，如在马克思主义理论课教学指导委员会任副主任。后来，马克思主义理论课教学指导委员会同思想品德与法律基础课教学指导委员会合并，叫思想政治理论课教学指导委员会，我仍任副主任。每年参加一些活动，开会评审优秀教学成果及教学录像片等。与此同时，我还担任教育部哲学社会科学教材编审委员会委员，参加马克思主义理论建设工程教育部管理的一系列教材目录和部分教材大纲的评审工作。后来，上述两个委员会换届、调整，我当了一届顾问，不再参加实质性活动了。

随着年龄增长，我参加各种学术会议和社会活动逐步减少，这是很自然的。

2. 保持身心健康

退休后，我和老伴一道参加了一些我们感兴趣的活动，比如说旅游。在学校机关工作期间，我出访的机会并不多，18 年间共出去 8 次，到过 7 个国家或地区。退休后，我和老伴自费参加旅游团，已游历 15 个国家和地区，看了若干世界级的名胜古迹。例如号称音乐之都的奥地利维也纳，意大利的文化古城罗马、水上之城威尼斯以及比萨斜塔、佛罗伦萨的雕塑、米兰大教堂，瑞士的阿尔卑斯山，法国巴黎的卢浮宫、凡尔赛宫、埃菲尔铁塔、巴黎圣母院，俄罗斯莫斯科的红场和克里姆林宫、圣彼得堡的冬宫和夏宫、涅瓦河上响起十月革命炮声的阿芙乐尔巡洋舰，德国柏林的马克思、恩格斯塑像和被拆除的柏林墙遗迹，北欧诸国的绮丽风光，还有柬埔寨的金边王宫和吴哥窟古迹等等，这些令人向往的游览胜地，无不让人赞叹，流连往返。参观游览既开阔了眼界、增长了知识，又有益于身心健康。

★ 2008年6月，马绍孟和老伴于奥地利维也纳约翰·斯特劳斯像前

★ 2008年6月，马绍孟于意大利罗马斗兽场旁

我们在北欧诸国（芬兰、瑞典、挪威、丹麦）旅游时，特意让导游尽可能多地给我们介绍这些国家的经济、政治等社会历史情况，了解并实地感受一下这些“福利国家”的部分实情。这些所谓实行民主社会主义的有代表性的国家，在维护资本主义根本制度的前提下，的确对资本主义的某些弊端进行了一些改良、修补，社会经济和科学文化发展水平是比较高的，因人口少，人均国内生产总值比较高，生活水平在总体上比较高。但也面临一系列问题，如福利太多容易养懒汉，资本巨头和社会底层的收入差距很可观，谈不上有多么平等……“福利国家”的模式越来越矛盾重重，它们的某些具体做法我们可以研究借鉴，但若将民主社会主义奉为灵丹妙药，拿来解决中国的问题，实在太不靠谱了。中国的发展只能走自己的路，走中国特色社会主义道路。

退休后几年，我有个很重要的活动就是老朋友和老同学的聚会，例如大学校友聚会、中学校友聚会、老同事聚会等。大家一起海阔天空，畅谈人生，相互交流，相互勉励，弘扬正能量，带来很大的乐趣。有人将老年生活概括为“五老”，即：第一，老本，努力保持身体健康，不然老本没了，晚年必然不快乐；第二，老伴，有老伴照顾，互相关心，生活不至于太寂寞、太单调；第三，老屋，不要求住的地方多豪华，但一定要有个能安居乐业的老窝；第四，老底，手头有点积蓄，必要时病了可以吃自费药，请人护理等；第五，老友，老朋友一起聊天，天南海北地交流，这样更能笑口常开、心情愉快。这个概括有一定道理，但不全面，没有反映老有所为的内容。

此外，我也喜欢练习书法，这是陶冶心情的手段。有段时间还学习刻图章，但腕力不够，便放弃了。偶尔也下棋、拉胡琴、听音乐，使生活丰富多彩。

另外就是锻炼身体，保持良好的生活习惯。例如：健康饮食，吃饭七八成饱；每天保持七八个小时的睡眠；适量运动，刚退休时，我喜欢打乒乓球，可运动量偏大，于是改成散步，每天一两次。保证身体健康，才能提高生活质量。

★ 2009年7月，马绍孟和老同学姜大为（右）在一起拉二胡

★ 2005年9月，马绍孟参加纪念周恩来百年诞辰笔会，于淮安周恩来纪念馆

3. 故乡情结

自从高中从军离开家乡后，我对故乡的怀念一如既往。工作后，不管是任高校的党委书记，还是普通的退休干部，我总是积极参加有关家乡的一些活动，特别是母校涟水中学和淮阴中学的重要庆典。一方水土养一方人，故乡是我成长的地方，我对她感情深厚，参加活动借以表达我深深的故乡情结。我从事教育工作多年，同家乡的高校有些联系，尽我所能，互相学习，互相帮助。

我的几个姐姐都还在家乡，我常回去探亲。2003 年“非典”时期，我从北京回到淮安，走的时候人员流动的控制并不严格，可是到了淮安，全国各地对流动人员特别是从疫区出来的人员就控制严格了。各地对从北京来的人管控很严，有的几乎把他们当成“瘟神”一样，不让进家门。当然，我没有受到这种对待，不过暂时待在淮安，回不去北京了。淮安有个大运河广场，是群众健身、休闲、娱乐的好去处，有很多人在那里放风筝，我每天到那里散步，后来也买了风筝跟着放，很有趣，有一种回到童年的感觉。看着风筝悠悠荡荡飞在天上，正如远行的游子，不管走多远，线总是握在家乡人民的手里，我不正是这样嘛！人老了之后，总想回家看看。改革开放以后，家乡的经济条件比以前改善了很多，人民生活水平普遍提高，实在令人鼓舞。

★ 2011年10月3日，马绍孟于江苏省涟水县探望炎黄职业技术学院董事长蒋之平老先生（中）

★ 2011年10月，马绍孟在江苏淮安垂钓，右为老朋友许智强

4. 人生感悟

我的大学同班同学，从20世纪80年代以来，有好几次聚会，聚会的照片和录像被制成光盘送给学校国际关系学院。学院的领导看到很高兴，非常推崇我们的做法。学院成立院友会，院领导和同志们推举我当

★ 2010 年 1 月，人大的老朋友在马绍孟家相聚
（左起：吴定求、杨焕章、马畏安、王振民、李淮春）

会长，我推辞不掉，便答应了。人老了之后，不能小看老校友聚会，在同老校友、老朋友的交流中，往往能收获很多精辟、珍贵的见解，尤其是透彻的人生感悟。

我们每个人都有自己特殊的经历，都有对生活深刻的认识和感悟。大家在一起时，总有谈不完的话题，大到国家大事，小到生活细节，古今中外，天文地理，山南海北等等，常常是开口就笑，妙趣横生。进入晚年，我们并不是简单地回忆过去，还要面对现在和未来，分享人生真谛，提高生活质量，乐观地对待现实，享受晚年的乐趣。

★ 20 世纪 90 年代初，部分同乡在京相聚
（左起：徐中远、徐心华、周秉德、马绍孟、许智强、徐诚）

自从退休后，我总结了“三平三不”的生活经验。

第一，平民身份。退休后，我清醒地认识到自己不过是个普通的退休教师、退休干部，以前担任过学校党政职务都已成为历史。摆正自己的平民身份，我以为很重要，有益于身心健康，带来诸多好处。

第二，平常心态。思想上和心理上要把握住平常心态。无论遇到什么样的事情，都要以平常心对待。角色变化以后，人际关系会相应地有所改变，这是很自然的，要以平常的心态面对。

第三，平和态度。对人对事采取平和的态度。如果要做到平和，就要坚持“三不”，不生气、不斗气、不怄气。所有的生气、斗气、怄气都是跟自己过不去，年纪越来越大，身体的总体素质趋于下降，如果违背自然规律逞强使气只能有害身体健康。

古人说过：“吾生也有涯，而知也无涯。”人的生命是有限的，而学习知识是没有止境的。我虽然退休了，但要活到老，学到老，适量地读书看报，与老朋友切磋交流，关心天下大事，关心自己感兴趣的问题，多动动脑子，偶尔写篇文章，参加点有意义的活动，这对身心健康是有利的。

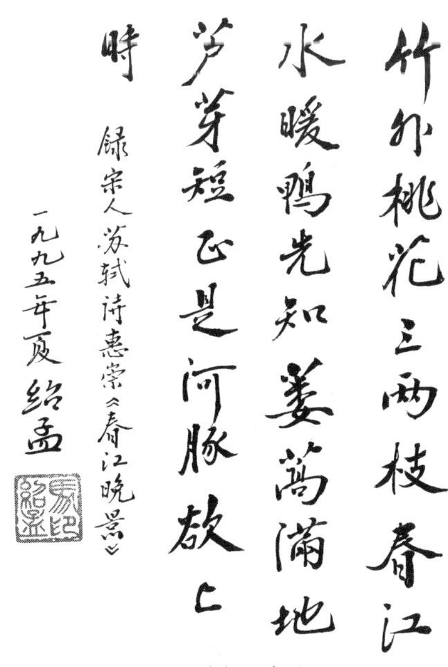

★ 马绍孟书法

另外，我对学习电脑有点兴趣，虽然水平不高，但能写点东西、收发邮件、处理照片、制作简单的幻灯片等。闲暇时，我将参观游览拍的照片选择、加工，制成幻灯片，配上音乐，慢慢地欣赏，这也是一种乐趣吧！

第九章 和谐家庭

1. 家有贤妻

我的小家庭已经发展到第三代了，儿子为我们生了孙子，女儿为我们生了外孙女，家庭生活可谓和谐幸福。

我的妻子徐兰英是海淀医院的儿科医生，也是我的同乡。我比她大三岁，我们是中学的校友，她比我低好几级，是我小妹妹的同学。1956年，我从部队考入中国人民大学后，在上学期间，假期回家，通过别人介绍我们才认识的。她在苏州医学院学医，接触几次后，相互感觉不错，家里人也没有意见，便确立了恋爱关系。后来利用假期，我们一道游览苏州园林和南京中山陵，增进了彼此的了解。1965年，她大学毕业，我们便结婚了。她想到北京来工作，非常困难。为了距离北京近一

★ 1961年，徐兰英于苏州

★ 1962年夏，马绍孟和徐兰英于北京

★ 1964 年夏，马绍孟和徐兰英于南京中山陵

★ 1964 年夏，马绍孟和徐兰英于苏州虎丘

点，组织上将她分配到唐山开滦煤矿下属的林西矿医院工作，一干就是十年多。

我研究生毕业后当教师，每个月工资 62 元，妻子本科毕业后工资 56 元。后来有了小孩，上有老下有小，我们两人的工资勉强糊口，日子过得紧巴巴的。因两地分居，有不少钱是花在铁路上了。母亲辛苦养育我们姐弟几个，又抚养了我们的孩子，非常辛苦。不过，我们都来自农村，经历过不少艰苦生活环境的锻炼，已经初步养成了勤俭节约、艰苦奋斗的好习惯。

我和妻子在年轻时，长年两地分居，这是我们这一代知识分子中许多人都面临的情况，大家已习以为常了。妻子在唐山林西矿医院，我在中国人民大学住在筒子楼两人一间的单身宿舍。1965 年我们在北京结婚后，待了不长时间，她就去唐山上班了。此后，我们每年享受一次半个月的探亲假，可以在一起相聚。幸好我在高校工作，每年有寒暑假，可以到唐山去团聚。

1967年，我们的儿子出生，可妻子在唐山有工作，天天要上班，于是只能将我母亲接到唐山看了一段时间孩子。儿子到一岁时，被我母亲带回江苏涟水老家抚养。因“文革”动乱，我和妻子又两地分居，儿子一直在农村长大，直到10岁才回到北京我们身边。

★ 1967年夏，马绍孟同母亲于北海公园

★ 1968年春，妻子徐兰英怀抱儿子马红宇和母亲于唐山开滦煤矿林西矿

1969年，女儿出生，妻子一个人带着女儿住在林西矿的母子宿舍。所谓母子宿舍，就是一个宿舍里住着两三个两地分居带孩子的女同事，这是由所在工作单位安排的。逢年过节，有时妻子来京探亲，我们借一间房子团聚一下。女儿上林西矿的幼儿园，需要来回接送，妻子非常辛苦。女儿有时生病，妻子就更受累了。

1976年，我和妻子分居快11年，费了不少周折，组织上终于把我妻子调到北京海淀医院下属的北下关诊所，结束了我们夫妻的分居生活。那时我们一家五口（包括我母亲），住在中国人民大学红楼一间13

平方米的筒子楼里，生活条件非常艰苦。妻子上下班比较规律，她是个勤俭持家的贤妻良母，家务事基本上都由她承担。从1983年起，我在学校机关兼任行政工作，家里的许多事情就更得靠妻子了。1997年妻子退休后，开始忙于照顾孙子和外孙女，继续为第三代做贡献，真所谓“有了儿子当‘儿子’，有了孙子当‘孙子’”。

妻子为人本分，心地善良，任劳任怨，对家庭的贡献最大，如果没有她的支持，我也不可能安心做好工作。几十年来，我们互敬互爱，没有发生太尖锐的矛盾，偶尔有点小摩擦，很快就过去了，谁都不太计较。现在生活越来越好，妻子的身体还不错，有点高血压，胃也不太好，不过及时检查治疗，按时吃药，注意保养，总体状况是稳定的、乐观的。

妻子遇到困难，我们总是相互关照。有一次妻子在家里储藏室旁挪动50斤大米，不小心扭了腰，造成小关节紊乱，一直躺在床上五个月，开始一段时间疼得几乎不敢翻身。我因为工作繁忙，实在顾不过来，只好把她的侄女从江苏老家请来，负责照顾她，直到康复。

2015年是我们金婚50年。一路走来，真是不易。我们并肩创造了今天这样的和谐幸福的家庭。我要特别感谢妻子为这个家庭所做的付出和贡献。

2. 儿女教育

儿子从小在农村老家待到10岁，上了两三年小学，才回到北京，因长期不在父母身边，对他的健康成长产生了不小的影响。我们教育孩子的方法也有问题，望子成龙心切，要求过于严格，方法有时简单粗暴，反而让儿子产生了逆反心理。有段时期他学习不大好，我们费了不少心，但效果不佳。不过儿子随着年龄增大，结婚生子，慢慢变得成熟起来。近十多年他的进步尤为显著，工作积极，学习努力，前几年入了党，并成为所在单位国家教育行政学院一个基层部门的负责人，几次受到单位的表彰和奖励。儿子经过生活的磨炼和家庭的熏陶，依靠单位组织上的帮助和自己的努力，取得今天这样的进步，让我感到欣慰。儿媳妇也在国家教育行政学院工作，她是东北师范大学英语专业本科毕业的，为人本分，工作踏实认真，尊老爱幼，礼貌待人，歌唱得不错，他们单位的节日联欢，都少不了有她的节目。她是学院党办副主任、学院工会副主席。

女儿小时候生活在妻子身边，接受妻子的辅导和教育，1976 年到北京后继续上幼儿园、小学、中学和大学。女儿从小就很听话，一向循规蹈矩，讨人喜欢，大学毕业后，分配在国家图书馆工作，当过中层干部。女婿是学化工的，原在北京化工设计院工作，20 世纪 90 年代下海经商，开始是在一家公司打工，后来自己办一个公司，业绩尚

★ 1972 年冬，马绍孟和女儿马红健于唐山开滦煤矿林西矿

好，工作挺辛苦的。他活动能力强，善于交往，有经营头脑，外语也不错。

儿子和女儿都有自己的工作和小家庭。孙子已上大学，外孙女读高中，不用我和老伴去操心了。可以说，我们一家现在安居乐业，有良好的家庭环境和生活条件，没有多少烦心的事，我和老伴尽可能健康愉快地安度晚年。

3. 问题与展望

人老之后，面临很多社会性的问题，例如养老、医疗等。据我所知，不少高级知识分子家庭有空巢老人，由于子女在国外，一旦生病或者生活不能自理，就会面临许多困难。目前社会上的养老院等场所，远远不能满足需求。即便不是空巢老人，完全依靠子女，恐怕也存在不少困难。在我国已步入老龄化社会的今天，这一全局性的社会问题，已引起党和政府及社会各方的关注。政府和社会各方也从实际出发，正设法加以解决。目前我们要做的，就是好好锻炼身体，有规律地生活，延年益寿，提高生活质量。还要坚持活到老，学到老，根据需要和可能，老有所为。

我想和老伴商量一下，趁着现在身体状况还可以，如果她有兴趣，我们再出去旅游若干次，到一些想去的地方走走看看，让晚年生活更充实、更丰富多彩。

附录

马绍孟在被任、免党委书记大会上的发言（摘要）

任——1994年6月5日

担任新一任党委书记职务后，要虚心学习。首先要学习党的基本理论和党的基本路线，在工作中牢牢地把握好政治方向，在重大问题上保持清醒的头脑，做一个明白人。要向实践学习，在实践中学习。改革开放、社会主义现代化建设的伟大实践，提出了很多新的问题，高等教育的发展，中国人民大学的发展，也面临着很多新情况，都需要我们去学习、研究和探索。认真工作，勇于探索，不断总结，虚心学习，就会有所前进。要向群众学习，坚持从群众中来，到群众中去，牢记党的根本宗旨，全心全意地依靠全校师生员工，很好地为全校的师生员工服务，努力把学校工作做好。要向传统学习，尤其是向中国人民大学的优良传统学习，实事求是，勇于开拓，民主团结，艰苦奋斗。只要紧紧依靠上级领导，依靠广大师生员工，今后学校的工作是能够在深化改革中上一个新台阶的。

免——2001年2月8日

几年来，在教育部和北京市委的正确领导下，在学校其他领导成员、全校广大干部员工的帮助和支持下，我在学校党委主要领导岗位上做了一些工作。我由衷地感谢上级党组织的关心，感谢领导班子中各位同志的支持与帮助。同时也感谢从 1983 年我到校部工作以来，许多老领导如袁宝华校长、张腾霄书记、李焕昌书记、黄达校长、李文海校长等人的关心、帮助和支持。我深感自己的能力和水平所限，我所做的工作，离党和群众的要求还有不小差距。如果因为我的工作不到位和处理失当而使一些正确意见未能被采纳、合理要求未能实现的话，我向同志们表示深深的歉意。离任以后，我一定继续关心学校的发展，并根据需要，做一些力所能及的工作，做一名合格的共产党员。祝愿中国人民大学越办越好。

马绍孟论著要目

主要著作

1.《马克思主义哲学史稿》(合著),人民出版社,1981年10月

2.《恩格斯和马克思主义》(合著),中国人民大学出版社,1985年6月

3.《马克思主义学说史》(三卷本)(合著),吉林人民出版社,1987年11月

4.《马列主义发展史讲话》(合著),新华出版社,1988年1月

5.《马克思主义哲学史》(多卷本第三卷)(合著),北京出版社,1991年8月

6.《坚持社会主义 反对和平演变》(主编,合著),中国人民大学出版社,1992年3月

7.《学习邓小平南巡重要谈话讲座》(合著),中国人民大学出版社,1992年8月

8.《列宁哲学的理论和实践》(主编,合著),中国人民大学出版社,1998年11月

9.《学林撷新——中国人民大学学者论学集》(主编),中国人民大学出版社,2002年3月

10.《马克思主义发展史话》(合著),山东人民出版社,2009年

9月

11.《权威论纲》(合著)，高等教育出版社，2013年2月

主要论文

1.《透过现象看本质》,《实践》1964年第3期

2.《批判“四人帮”的主观唯心主义》#,《北京大学学报(哲学社会科学版)》1978年第2期

3.《关于马克思主义哲学史对象的几个问题》#,《教学与研究》1981年第6期

4.《普列汉诺夫对唯物史观理论来源的探讨及其方法论意义》#,《哲学研究》1982年第6期

5.《〈反杜林论〉在马克思哲学史上的重要地位》，收入《马克思主义哲学史论集》，生活·读书·新知三联书店，1982年12月

6.《马克思主义史方法论探析》#,《北京大学学报(哲学社会科学版)》1982年第6期

7.《人类思想史上的伟大创造——马克思主义是怎样产生的》,《解放军报》，1983年3月1日

8.《曲折前进的一个多世纪——马克思主义在同工人运动相结合中的发展》,《解放军报》，1983年3月5日

9.《亚洲新纪元的曙光——“五四”运动前后马克思主义在中国的传播》,《解放军报》，1983年3月12日

10.《社会心理和精神文明》#，收入《论社会主义精神文明》，北京出版社，1983年8月

11.《毛泽东同志的实事求是思想在新时期的运用和发展——学习〈邓小平文选〉》,《教学与研究》1984年第3期

12.《学习列宁和普列汉诺夫反对俄国“合法马克思主义”斗争的

历史经验》，收入《列宁哲学思想研究》，人民出版社，1985 年 10 月

13.《普列汉诺夫对历史唯物主义的贡献》，收入《历史唯物主义原理辅导》，中国人民大学出版社，1986 年 9 月

14.《领导活动规律研究中的方法论问题》，《现代领导》1987 年第 5 期

15.《社会主义教育的首要问题是坚持坚定正确的政治方向》，收入《怎样认识实践中的社会主义》，中国人民大学出版社，1990 年 7 月

16.《加强教研室工作 掌握学科领域的正确政治方向》，《中国高等教育》1990 年第 10 期

17.《加强知识分子党员的思想建设》#，《中国人民大学学报》1992 年第 4 期

18.《充分发挥高校哲学社会科学在社会主义精神文明建设中的重要作用》，《教学与研究》1997 年第 1 期

19.《大力加强高校哲学社会科学建设——学习党的十四届六中全会〈决议〉的体会》，《中国高等教育》1997 年第 3 期

20.《坚持和完善党委领导下的校长负责制》，《中国教育报》，1998 年 9 月 26 日

21.《狠抓邓小平理论课教学，加快邓小平理论“三进”工作的步伐》，《思想理论教育导刊》1999 年第 3 期

22.《走青年知识分子健康成长的必由之路——纪念五四运动八十周年》，《中国教育报》，1999 年 4 月 28 日

23.《进一步加强马克思主义理论课教师队伍建设》，《思想理论教育导刊》1999 年第 10 期

24.《把握中心环节 坚持正确导向》，《光明日报》，2000 年 7 月 28 日

25.《弘扬伟大的抗美援朝精神——学习江泽民同志〈在首都各界

纪念中国人民志愿军抗美援朝出国作战50周年大会上的讲话〉》,《求是》2000年第22期

26.《高校领导干部应成为实践“三个代表”要求的典范》,《求是》2001年第5期

27.《落实科教兴国战略，加强人文社会科学建设》，收入《大学校长书记谈办学》，科学出版社，龙门书局，2001年7月

28.《“领导就是服务”的新篇章》,《人民日报》，2001年11月13日

29.《以史为鉴 与时俱进——读〈简明马克思主义史〉》,《人民日报》，2002年4月30日

30.《领导科学发展的回顾与展望》，收入《面对新世纪 开创新境界》，人民日报出版社，线装书局，2002年5月

31.《用雷锋精神教育青少年》,《人民日报》，2003年3月4日

32.《理论创新：马克思主义的宝贵品质》,《人民日报》，2003年4月11日

33.《加强执政能力建设 维护党的领导权威》,《高校理论战线》2005年第1期

34.《构建社会主义和谐社会的几点辩证思考——学习中共十六届六中全会精神的体会》,《高校理论战线》2006年第10期

35.《一部学习马克思主义中国化理论成果的精品教材——评〈毛泽东思想、邓小平理论和“三个代表”重要思想概论〉》,《光明日报》，2007年5月28日

36.《坚定不移走中国特色社会主义伟大道路》#,《高校理论战线》2007年第10期

37.《加强党委领导 推动科学发展 建设和谐校园》,《领导科学论坛》2007年第4期

38.《经济全球化时代怎样进行领导——〈现代领导策论——全球化时代领导能力提升研究〉简评》,《人民日报》, 2008 年 1 月 18 日

39.《马克思主义的领导方法:〈关于领导方法的若干问题〉的发表》,《中华魂》2008 年第 7 期

40.《培养青年马克思主义理论工作者的几点思考》,《思想理论教育导刊》2009 年第 7 期

41.《进一步加强和完善党的民主集中制》,《高校理论战线》2010 年第 1 期

注：标题后有“#”符号的是与他人合作的。

坚持做人与做学问的统一

——马老师的二三事

汪世锦

我是马绍孟老师 1997 年招收的博士研究生，专业是“马克思主义哲学与现代领导”。马老师是中国领导科学研究会的常务副会长，也是国内第一个招领导科学专业方面博士研究生的博士生导师，我有幸成为这个专业的第二个博士生。师从马老师，无论在做人还是做学问方面，我都学到了很多，马老师要求我们要做到“做人与做学问的统一”，这个要求不仅在我攻读博士学位期间对我产生了重要影响，而且这种影响会伴随我一生。

做人与做学问的统一，既是对中国文化优良传统的继承，又赋予了时代的新内容。中国自古就有立德、立言的说法，在做人方面就是要立德，注重个人道德品性的修养，做一个高尚的人、一个纯粹的人、一个有道德的人、一个脱离了低级趣味的人、一个有益于人民的人。在新时期，在做人方面，除了传统的优良品德外，马老师强调，作为学习和研究马克思主义的学者，我们必须有坚定的马克思主义信仰，对马克思主义（包括中国化的马克思主义）必须真学、真懂、真信、真用，在思想政治上必须掌握好大方向，与党中央保持一致；在经济上廉洁自律，不占不贪；在作风上严肃正派，豁达大度。

我们学习和研究马克思主义，一个重要的方面就是要正确处理政治与学术的关系。政治与学术，既有联系，又有区别。马老师要求学生在做学问时，一定要以马克思主义为指导，坚持用马克思主义的立场、观点和方法去分析问题和解决问题。马老师说，这是原则，在原则问题上不能有丝毫的动摇。我在写博士论文的过程中，始终坚持这一原则。做学问也是一个对真理的探讨和追寻的过程。从本质上说，坚持马克思主义与追求真理是一致的。但马克思主义并没有穷尽真理，只是开辟了认识真理的道路。我们需要通过实践、学习和研究，通过做学问来不断地探讨真理、发现真理，加深对真理的认识。对于学术问题，马老师对我们是比较宽松的，允许我们有自己的观点，但必须言之有理，持之有据。马老师与我们讨论学术问题，也是以一种平等交流的方式进行，以理服人，虽然对我们的一些观点并不认同，但他没有将自己的观点强加于我们。当然，在做学问的过程中，马老师严格要求我们要有良好、严谨的学风，要严格遵守学术规范。

如何向领导或群众汇报、交流，是我研究的一个比较重要的课题，马老师既是老师，又是领导，因此，我多次就这个问题向马老师请教。马老师总是结合自己的经历，给我谈他的感受和认识。这对我的帮助很大，让我受益匪浅。

就我个人来说，我的口头表达能力一般。马老师认为，在工作和学习中总免不了要做汇报（包括会议发言），这是体现个人能力的一个重要途径，因此，应该重视这方面能力的培养和锻炼。那么，怎样做好汇报、交流呢？换句话说，做好汇报、交流应该注意些什么呢？马老师的意见概括起来说主要有以下几点：一是观点明确，旗帜鲜明。有时虽然需要注意表达方式，也会用比较委婉的语言来说，但所要表达的意思必须明确，切忌含糊不清、不知所云。二是开门见山，力求简洁。大家一般都比较忙，既没有时间也没有兴趣听啰唆的话，如果领导对汇报的某些内容感兴趣，想要深入了解的话，会进一步提出问题，因此，不必担心领导会听不懂。三是思路清晰，重点突出。汇报并不是事无巨细全部要说出来，而是要理清思路，分清轻重缓急，将重点说深说透。四是有理有据，不说空话。汇报是实事求是地反映情况，要摆事实讲道理，不能道听途说，而要用事实说话，用数据说话。五是留有余地，不说过头话。汇报要把握好尺度，要恰如其分，不能把话说得太满，更不能说过头话，不能报喜不报忧，否则将影响汇报内容的可信度。六是态度端正，不吹不拍。要摆正自己的位置，不卑不亢，以平常心待之。只要能够做到以上几点，汇报的基本技巧也就掌握了，当然由于每次汇报的目的不同、内容不同、听汇报的领导不同，因此，汇报的重点、次序和语言风格也会有所不同，必须具体问题具体分析，一切都必须结合实际，随时间、地点、条件的变化而变化。要认真对待每一次汇报，善于进行每一次汇报，抓住每一次汇报的机遇，让听汇报者能更好地认识、理解和帮助你，达到汇报的目的。如此持之以恒，水平肯定会有提高。

同窗友谊长青
——我对绍孟同志的认识

任大奎

绍孟同志是我就读于人大马列主义基础专业的同窗学友。在几十年的交往中，我们结下了深厚的友谊。

绍孟同志在长期的学习和工作中，养成了良好的工作作风、优秀的思想品德和高雅的精神境界。我在与他的交往中获得启迪，受益匪浅。

绍孟同志最值得我学习的，是他具有较高的马列主义理论修养和坚定的马克思主义立场。他不仅在教学中有针对性地剖析各种思潮，启迪学生从中领悟马克思主义的科学真理，而且在宣传、阐释党的基本理论方面，能够体现马克思主义的底蕴，既做到了科学准确，又与时俱进，显示出深厚的马克思主义理论功底。

绍孟同志作风朴实、勤勉。他对学习严谨求真，对工作兢兢业业，不贪功、不诿过，勇于担当，赢得了同志们的赞誉。

绍孟同志宽以待人，严于律己，对人谦和，以平常心、平常人规约自己。对待同志，他从不以领导者自居，因而能亲密朋友、团结同志。他有中学、大学时期的朋友，有家乡的亲朋好友，也有工作中的朋友。他既能按原则待人处事，又善于团结同志，因而有良好的群众关系。

绍孟同志热爱教学工作，关心学生。他精心指导研究生的论文，从不敷衍，既教观点，又教方法，对学生循循善诱。他对家境困窘的学生，有时主动送衣送暖，或默默给予资助。绍孟同志与他的学生有着深厚的情谊。

上述的点点事迹给我以深刻的印象，值得学习。谨祝好友健康长寿。

2012 年 1 月

我们的班主席、我的同窗挚友

张星瑞

1956年春，中国人民大学面向全国单独招生，而且是在全国统考之前，机会不能错过。我是应届高中毕业生，顺利考取，有幸与马绍孟成为亲密的同窗挚友。

最初的印象

我第一次见到马绍孟，是在开学后的第一次班会上。班会的主题是每个人介绍自己。主持人龚兴说完后，大家轮流发言。第一个发言的是山西太原来的申正中。他以浓重的山西口音风趣地说："中国有个蒋中正，我把中正变正中。"引来一片笑声。轮到马绍孟发言，穿着褪色军装的他，给我的第一印象是：平淡，干练，硬朗，内向。他说，他是抗美援朝的志愿军，在朝鲜战场和美军打过仗，回国后，匆忙备考，考上中国人民大学，非常高兴。大家报以热烈的掌声，因为他就是近在眼前的"最可爱的人"。

考上名校，开始新的学习生活，我对绍孟的了解一步步加深。他学习上抓得很紧，生活很有规律，每天都见他到阅览室读书，匆匆而去，又匆匆而回。周三体育活动或自由活动时间，操场上常常出现他矫健的身影。后来，我们从城里搬到西郊，我和他同住一个寝室，每天都见，但他很少聊天，也从不闲逛。他待人随和，同大家关系融洽。同学们对他十分认同，一致推选他当学生会班主席，负责全班的文体、宣传等项活动。

他比我大三岁，应是学长。在一起的时间长了，才了解绍孟原是一个多才多艺的人。他爱好体育运动，一百米、二百米、跳远是他的长项；他喜爱文学、音乐、书法，表现出多方面的才华；有时他还能操琴演奏，常常在联欢会出节目。他广泛联系同学，做大家的知心朋友，在同学心中的地位日渐突出。

运动会的冠军

1957 年春，历史系首届运动会在海运仓举行。全系两个专业共 23 个班 700 多人参加。运动会那天，晴空万里，海运仓大院热闹异常。马列主义基础专业三班在马绍孟的组织下，运筹帷幄，充分发挥同学的潜力：江苏省篮球队原中锋陈杏生获中长跑两项第一；山东来的姜大为、许雅希包揽跳高、撑竿跳两项第一、第二名；黑龙江的李凤兰获女子跳高第二名；浙江的朱绮馨获女子 200 米第一名。最精彩的还是马绍孟参加的一百米、二百米两项比赛。我清楚地记得预赛时绍孟均列第二。决赛时，在同学一片加油的呐喊声中，老马真是拼了……结果是二百米第一、一百米第二，绍孟和我们都很高兴。就这样，依靠同窗齐发力，排兵布阵巧安排，集体的接力项目也获两个第一名。马三班终得团体冠军。绍孟组织有方，功不可没。

欢乐的十年大庆

1959 年暑假过后，我们已是毕业班。这一年记忆里最深刻的是十年大庆。新中国成立十周年，发生了翻天覆地的变化。中国人民大学学生方阵作为天安门群众游行队伍的仪仗队，每周都要操练，而且要在夜里到天安门广场实地彩排。记忆中，先是晚上后是白天，训练十分辛苦，但绍孟同我们都非常兴奋和骄傲。为表达全国人民的喜悦心情，向全世界表现新中国的强大，我们心甘情愿。为庆祝盛大节日，我们还排练了许多小节目，学习集体舞，准备天安门的狂欢之夜。我参加工人舞的排练，绍孟则抽调到学校乐队，准备晚会时演奏乐曲。

“十一”那天，上午是阅兵和群众游行。晚上，我们都早早到广场的中心，中国人民大学的主场地在广场中心东侧，相邻的是专业文艺团体。我们唱歌跳舞，尽情欢乐，乐队不停地演奏优美的旋律，这里真是一片欢乐的海洋。感谢共产党，歌颂毛主席，祝愿各族人民幸福安康。直到深夜，天安门广场的夜空，礼花齐放，歌声荡漾，精彩纷呈，绍孟一直不停手中的乐器，为大家辛苦地伴奏，给同学们留下了深刻的印象。

难忘的科研活动

十年大庆后，学校暂时停课，布置进行反右倾机会主义文件的学习。后来知道，8 月召开的庐山会议本意纠“左”，但转而变成反右。学校本应上专业课，变成了发动学生大搞科研：注释《列宁全集》。全班编成十个小组，选条目做研究，搜集资料，撰写文稿，我和绍孟分在一起。因为《列宁全集》是从俄文版翻译过来的，列宁的著作、书信涉及许多世界历史和俄国的政治经济问题，要注释一些人物、事件和典故，必须查阅原文和俄文资料。我在高中学的俄语，自认为俄文不错，可我翻译撰写的条目，绍孟兄总能找出一些不妥之处。开始我不认可，进行争辩，最终还是改正。就这样，我和绍孟一起学习、研究，再学习、再研究，度过了毕业前的时光。我们通过不断的互相切磋、交流，学到了许多书本上学习不到的东西，特别是认真做事、诚信做人。

亲切的学友相聚

1990 年，我调回北京工作，是作为人才引进的。当然，我第一个告诉这一消息的就是绍孟兄。30 多年来，我们的友谊之树长青。

相见那天，俩人充满激情，他举杯为我祝贺，述说着多年来发生的事情……他对每个学友的思念关怀，他每次家中的热情接待，他每回车站的迎送，他每句嘱咐关心的话语，久久在同学心中激荡，让我们深感兄长般的真诚与帮助。

1996 年，借中国人民大学国际政治系建立 40 周年的机会，我们实现了马三班毕业后 36 年的第一次团聚。此后，由绍孟牵头，策划了多次老同学的聚会。我们议论共同关心的大事，诉说着人生的感悟，享受着同窗好友深厚的友情。同学们赞赏绍孟兄有“超级”的凝聚力和亲和力。

每当回首那激情燃烧的岁月，回忆起马三班团结奋斗的情景，好像依然那样年轻、那样充满活力。同窗友谊至纯至爱，人生舞台丰富多彩，我们青年时代珍贵的一切将永远存留在心中。

一生荣辱许家国　唯余初心师天地

——怀念导师马绍孟先生

薛广洲

从戎从政从教，忠勇忠诚忠恕，一生荣辱许家国；壮怀胸怀情怀，平常平淡平民，唯余初心师天地。这是我为明天将要在八宝山举行马绍孟老师遗体告别而写的挽联。

感念先生多年来在做事做人做学问诸多方面的教诲，拾出当年为弟子们庆贺先生八十大寿暨从教五十周年的文集所写的后记整理再发，以为对先生的怀念。

我们的导师马绍孟先生自20世纪80年代开始指导学生凡三十年，先后指导硕士生、博士生及博士后逾三十名，师兄弟们分别在不同的领域运用所学知识勤恳工作、各有建树。适逢先生八十大寿暨从教五十周年，师兄弟们回顾就学工作以来先生的教诲、关心、指点，始终历历在目，感激、欣慰、自豪之情不觉溢于言表。先生不仅授学，而且指路，更而做人，使弟子们终生受益。

先生早年投笔从戎，成为抗美援朝志愿老兵，探灯打美机，为新生共和国的巩固立下战功；其后卸甲任教，耕耘马列，在中国马克思主义哲学史领域据有独特一席，晚年更是开辟了马克思主义哲学和现代领导的新学科；先生担任高校行政领导二十余年，既勤恳于日常行政事务，还致力于高校党建和学生的思想政治教育，更精心于研究生的指导培养，一身而三任，依然游刃有余，皆有心得。让弟子们深为叹服。

先生授学，注重于学术主体性的发觉，善于学术能动性的引导，由之授学几为研讨，师门宛然同门，使之学习、研究、创新庶多融汇。先生指路，既立足于弟子的所长也立足于弟子的所短，既着眼于弟子个人的发展空间也着眼于社会需求的未来大势，凡三十年先后出师诸弟子在各自岗位上均有建树。先生做人，做事当以先做人为原则，做人以无私无畏为标准；首先以己身示人，在位时严于律己，退位后更以“三平”（平民身份、平常心态、平和态度）自勉，令弟子们衷心敬佩。

先生的研究覆盖两个研究方向：马克思主义哲学史、马克思主义哲学和现代领导。马克思主义哲学史基于以往研究的成果，注重于填补空白和现代性的研究；领导科学的研究则基于马克思主义哲学的立场、观点和方法，集中于现代领导方法，尤其是开创了马克思主义权威领域的研究，先后指导十多位博士生分别就权威的一般理论、权威发展史、领导权威、领袖权威、政党权威、真理权威、法制权威、制度权威、组织权威、企业权威等进行了深度研究，其中已有部分博士论文公开出版。基于十多年的研究，2013 年 2 月和 3 月分别由高等教育出版社和中国社会科学出版社出版了《权威论纲》（马绍孟等著）和《权威论》（薛广洲等著），对权威问题做了基础性的系统性的深度阐释，为我国权威问题的研究奠定了坚实的基础。先生对于理论的现实意义给予了高度的关注，无论是发展史研究还是基本理论研究，也无论是马克思主义哲学研究还是领导科学研究，理论与实际的结合，理论必须服务于实践，乃是理论之树所以长青的根本。

古往今来，教育总是与知识的传承和育人联系在一起，传统中国的教育讲究传承、注重门派，现代教育在重视知识的传授时，更为强调创新性，尤其是博士生教育，更是要求站在每一学科的最前沿。无疑学术的门派意识渐趋淡薄，而跨学科、多领域则成为基本趋势。伴随着知识的大爆炸，人们原有的认识世界的框架面临重构的需求，因而创新便成为学术发展和科学进步的基本要求。学术团体、学术门派自然要博采众长、海纳百川，才有存在与发展的资源和根基。因而，门派或团体的界定也会处于不断的调整、转换之中。真正的学术，其存在和发展的最终源泉乃是社会生活的实践。只有时时刻刻把立足点放在人民群众的社会实践上，放在对一切来自社会生活实践的探索成果的借鉴、吸收、继承、批判上，学术之树才有常青。

记于 2021 年 9 月 16 日 24 时整

后　记

我原本未打算写回忆录，觉得一生过得平平常常，上学读书，当兵打仗，教书写作，党政工作，均无特别建树，没有多少值得书写的内容；同时觉得以往没有系统积累资料，写什么不写什么，写到什么程度，对事件、人物的认知和取舍等等，写起来挺费周折的；况且年事已高，精力不济，不想动笔。

大约2011年初，学校离退休工作处的领导同志找我们开会，说人大一位校友为感恩母校，愿意免费为一批老同志出版回忆录，由他办的一个公司负责采访、录音，整理成文，老同志本人审阅修改后出书。我以为有人热心帮助，倒不失为一个梳理过往的好机会，略加思考便同意了。5月，公司和我签订了合同书。后来经过几次采访录音，2014年2月，我收到根据录音整理加工的初稿，感到修改的任务还是挺艰巨的。因为采访前我虽然做了一些准备，但并不充分，几十年的事情，在记忆中已经残缺不全，又限于时间和篇幅，口头表达的内容有一定的局限性和随意性，最终成书还必须仔细推敲修改，有的还要查阅资料，尽可能反映概貌并有重点，力求正确、准确、有条理，不出大的差错，不留大的遗憾。就这样，我在健康状况允许的条件下，不紧不慢、断断续续地进行修改，一晃又过去了一年多。我的女儿马红健、孙子马海默、外孙女张乐涵帮助打印了修改稿。我看了以后，又做了些修改，觉得仍有若干不尽如人意处，但总该交稿了。遗憾的是我正要联系交稿，听说公司已停止该项业务。学校离退休工作处的同志证实了这一点，并经再三交涉也无法改变。出书的事只好搁置下来，另做安排了。不过公司先期为采访、录音、录像、整理初稿而付出的努力，仍然是值得感谢的。此后，我偶尔对书稿做些个别的修改，最终形成现在这个样子。

这里，我要感谢我的同窗挚友任大奎、张星瑞和学生汪世锦对我的鼓励，没有他们，就没有这本回忆录。

2016 年 10 月于北京世纪城时雨园

图书在版编目（CIP）数据

征程漫忆：马绍孟回忆录 / 马绍孟著 . -- 北京：中国人民大学出版社，2024. 12. --（中国人民大学校史文库 / 张东刚，林尚立总主编）. -- ISBN 978-7-300-33396-0

Ⅰ. K825.46

中国国家版本馆 CIP 数据核字第 2024CC5587 号

中国人民大学校史文库

总主编　张东刚　林尚立

征程漫忆

——马绍孟回忆录

马绍孟　著

Zhengcheng Manyi

出版发行	中国人民大学出版社		
社　址	北京中关村大街31号	邮政编码	100080
电　话	010-62511242（总编室）		010-62511770（质管部）
	010-82501766（邮购部）		010-62514148（门市部）
	010-62515195（发行公司）		010-62515275（盗版举报）
网　址	http://www.crup.com.cn		
经　销	新华书店		
印　刷	唐山玺诚印务有限公司		
开　本	720 mm × 1000 mm　1/16	版　次	2024年12月第1版
印　张	14 插页 2	印　次	2024年12月第1次印刷
字　数	163 000	定　价	49.00 元

检02
玺诚